THE WORK
ザ・ワーク
人生を変える4つの質問

Loving What Is
Four Questions That Can Change Your Life

バイロン・ケイティ＋スティーヴン・ミッチェル著
ティム・マクリーン＋高岡よし子監訳　神田房枝訳

ダイヤモンド社

LOVING WHAT IS

by

Byron Katie with Stephen Mitchell

Japanese translation rights arranged with Harmony Books,
a division of Random House, Inc.
through Japan UNI Agency, Inc., Tokyo.

日本語版への序

この*"Loving What Is"*（原題『あるがままの現実を愛する』）の日本語版の再刊をとてもうれしく思っています。本書で紹介している「ワーク」は、自分にストレスや苦しみをもたらす考えを見つけ、それに対する問いかけを通じて、問題を解決していく方法です。

「ワーク」は、4つの質問と「置き換え」からなるシンプルな探求の方法ですが、オープンマインドで取り組みさえすれば、誰でも非常にパワフルな効果を得ることができます。この本は「ワーク」の基本テキストであり、誰であっても自分の苦しみに終止符を打つことができるという私のメッセージが込められています。

「ワーク」を通じて到達する知恵というのは、私たちの中にあります。「ワーク」は、どのようにしたら自分の中に答えを見つけられるか、教えてくれるのです。

私はこれまで、世界中の数百万に及ぶ人たちに「ワーク」を実施してきましたが、日本でも、実践された多くの方々が、深い気づきや変化を体験されていると聞き、素晴らしいことだと思います。「ワーク」の効果は、文化を超えた普遍的なものです。私たちのこころはひとつ《ワン・マインド》なのですから。

世界のあらゆる苦しみや暴力、混乱といったものを引き起こしているのは、探求されないいまになっている考えです。この本を通じて、「ワーク」がさらに広がり、世界がもっと平和になるよう、願っています。

バイロン・ケイティ

ザ・ワーク　目次

第5章　問いかけを深める……139

＊本書は、二〇〇三年七月にアーティストハウスパブリッシャーズより刊行された『人生を変える４つの質問』を新たに訳し、改題して再刊したものです。

はじめに――探求のワークへようこそ！

自分自身、そして自分の感情をはっきりと理解すればするほど、
ありのままの現実を愛するようになる。
バールーフ・デ・スピノザ（哲学者。一六三二～一六七七年）

初めて「ワーク」を目にしたとき、自分が本当に素晴らしいものに立ち会っているのだということがわかりました。次から次へと、老いも若きも、教育歴を問わず、自分にとってもっとも痛みを伴う考えに問いかけを行うことを学んでいました。バイロン・ケイティ（みんなケイティと呼んでいる）の愛情深さと鋭さに助けられながら、目の前の問題を解決するだけでなく、心の奥底にある問いが解消されるような状態に向かっていたのです。

私は人生の時間の多くを費やし、すぐれた精神文化の古典の研究と翻訳をしてきました。それと非常に似たプロセスがここでも起きていることに気づきました。『道徳経』（老子）、『ヨブ記』（旧約聖書）、『バガヴァッド・ギータ』（ヒンドゥー教の教典）といった精神的伝統の核にあるのは、生死についての真剣な問いかけであり、その答えとして、深く、喜びに満ちた知恵が浮上してくるのです。ケイティはそうした知恵に根ざしており、「ワーク」に取り組んでいる人たちも同じ方向に向かっているように思えました。

多くの人が集まっているコミュニティ・センターの中で、私は五人の男女が次から次へと、自分を苦しめている考えから解放されていくのを見ました。例えば、「夫は私を裏切った」、「お母さんは私のことを十分愛していない」といった考えです。4つの質問を投げかけ、自分の内側に答えを見つけるというシンプルな方法によって、オープン・マインドに導かれ、人生を変えるほどの深く、広がりのある気づきを得ているのです。

ある男性は、何十年にもわたり、アルコール依存症の父親への怒りで苦しんでいました。その彼の表情が、私の目の前で、わずか四五分のうちに輝き始めたのです。またある女性は、ガンが広がっていると判明したばかりで、恐れのあまり、話がなかなかできないほどでした。ところがセッションを終える頃には、自分の状況を理解し、受け入れ、輝いていたのです。

五人のうち三人は、「ワーク」をするのが初めてでした。それでも経験者と比べて取り組みにくいということはなく、気づきの深さが違うということもないようでした。彼らは皆、ある真実に気づくということから始めましたが、それはあまりにも基本的なことなので、通常は目に入らないのです。

その真実とは、古代ギリシャの哲学者エピクテトスの言葉にあるように、「私たちの心を乱すのは、現実に起きていることではなく、起きていることに対する考えである」ということです。この真実に気づくやいなや、彼らの理解はまったく違うものとなりました。「ワーク」を自分で体験するまでは、こんなに単純なのに効果があるはずはないと思うことがよくあります。ところがシンプルであるからこそ、高い効果を生み出しているのです。ケイティと出会ってから二年たち、今では夫婦となっていますが、私は何度も「ワーク」を体験し、以前は自覚していなかった自分の考えに取り組んできました。

また、全米やヨーロッパの公開イベントで、一〇〇〇人を超える人たちが「ワーク」をするのも目にしてきました。彼らが抱えていた悩みは、日常生活の一般的な不満から、仕事上の問題、不安定な経済状態、深刻な病気、親や子供の死、性的・精神的虐待、依存症、社会的課題に至るまで、人間が直面するありとあらゆる問題に及んでいました。「ワーク」が、そうした悩みに対する考え方そのものを劇的に変化させたのを私は何度も目にしました。考え方が変われば、「問題」は消滅します。

「苦しみは、自分の選択です」と、ケイティは言います。ストレスを感じているときは、軽い不快感から、強い悲しみ、怒り、絶望に至るまで、意識している、いないにかかわらず、特定の考えがそうした反応を引き起こしています。ということは、ストレスを解決するには、その背後にある考えを調べていけばいいのです。紙とペンさえあれば、誰でもできます。

この後で実例と共に述べる「ワーク」の4つの質問は、自分の考えのどの点が「真実」と違っているかを明らかにしてくれます。ケイティが「探求」とも呼んでいるプロセスを通じて、自分が信じていたり、当然視しているあらゆる考えや価値判断が、現実を歪めていることを発見していくわけです。本当のことではなく、自分の考えを信じているとき、人は苦しみます。

「苦しみ」というのは、自分の考えに執着しているときに自然に起きてくる警告です。警告に耳を貸さないと、苦しみは人生につきものとして受け入れてしまいますが、そうである必要はありません。

「ワーク」には、禅の公案やソクラテス的対話と驚くほど共通点があります。けれども、洋の東西いずれの思想にも由来しません。何かを考え出そうなどとは思ってもみなかった、アメリカの普通の女性の考えから生まれたのです。

「ワーク」が誕生したのは、一九八六年二月のある朝。南カリフォルニアの砂漠地帯の小さな町に住む四三歳のバイロン・ケイティ・リードが、ある療養施設の床の上で目覚めたときでした。

それまでのケイティといえば、アメリカでよくある人生——二度の結婚、三人の子供、そして順調なキャリア——を送りながらも、一〇年にわたり、怒り、妄想、絶望がひどくなるばかりでした。しかもそのうちの二年間は、ひどい鬱《うつ》状態のため、めったに家から出ることさえできない状態だったのです。何週間も寝込み、仕事は寝室からの電話で済ませ、入浴や歯磨きすらままならないほどでした。子供たちはといえば、母親の逆鱗に触れないよう、部屋の前を忍び足で通ったものです。そしてついにケイティは、摂食障害の女性が入る療養施設に入所することになります。唯一、保険が利く施設だったからです。そこでも他の入所者たちから恐れられ、屋根裏部屋に入れられました。

入所から一週間ばかりたった日の朝、自分はベッドに寝る価値すらないと思い、床に横たわっていたケイティは、目を覚ましたとき、「私」という考えがまったく消え失せているのに気づきました。

すべての怒りや悩み、「私の世界」、そして全世界が消え、その瞬間、心の奥底から笑いが込み上げてきました。従来の自分の知覚で認識できるものが何もありませんでした。まるで、自分ではない他の何かが目覚めたように。そしてその「何か」が目を開け、ケイティの目を通してものごとを見ているんです。「それ」は喜びにあふれていました。自分と分離しているものや、受け入れられないものが何もないのです。すべてが、ただありのままの姿で存在していました。

ケイティが自宅に戻ったとき、家族や友人たちは、別人になった彼女に気づきました。当時一六歳だった娘のロクサーンは、次のように回想しています。

ずっと続いていた嵐がやっと終わったんだって、家族みんながわかりました。母はいつも、私や弟たちに向かって大声でわめいて非難していましたから、同じ部屋にいるのは怖かったんです。戻ってきたら、すっかり穏やかになっていました。母は長い間、窓辺や外の砂漠で静かに座って過ごしていました。子供のように無邪気でうれしそうで、愛に満たされている感じでしたね。そのうち、悩みを抱えている人たちが母に助けを求めて、わが家を訪れるようになりました。母は、そういう人たちと椅子に腰かけ、質問を投げかけていました。よく聞こえてきたのは、「それは本当でしょうか?」という質問です。

ボーイフレンドの気持ちが冷めてしまったと、私がみじめな気持ちで家に帰ったときにも、母は尋ねてきましたね。「どうしてそんなことがありえるの?」って。まるで私が、「私たちが住んでいるのは北極でしょ」とでも言ったかのように。

人々は、ケイティが以前の状態に戻らないことがわかると、何が起きたんだろうと推測し始めました。奇跡が起きたんだろうか？　彼女自身はうまく答えられませんでした。だいぶたってようやく、自分の体験をわかりやすく説明できるようになり、内側で目覚めた自由について話したことがあります。また、内面の問いかけを通じて、自分がかつて考えていたことはすべて真実ではなかったと気づいたとも語りました。

ケイティが療養先から戻るとすぐ、噂を聞きつけ、どうしたらそうなれるのか学びたいという人々で、彼女の自宅はいっぱいになりました。そこでケイティは、自分の内面の問いかけを、具体的な質問形式にして伝えることにしました。自分を必要とせずに、心の自由を求める誰もが活用できると思ったからです。まもなく、人の家の居間で行われるような小さな集まりに呼ばれるようになりました。ケイティを招いた人たちはよく、「あなたは悟りを得たのですか？」と聞いたものです。すると彼女はこう答えました。「痛みをもたらすものとそうでないものとの違いを知っているだけです」

一九九二年、北カリフォルニアに呼ばれたことを皮切りに、「ワーク」は急速に広まっていきました。ケイティはすべての招待を受け入れ、一九九三年以降、教会の地下室やコミュニティ・センター、ホテルの会議室などで、聴衆の規模を問わず、精力的に「ワーク」を行っています。また、企業、法律事務所、カウンセリング・ルーム、病院、刑務所、教会、学校といったあらゆる組織で、「ワーク」が活用されるようになりました。全米に続いてヨーロッパでも人気を博し、現在では定期的に「ワーク」を実践しているグループがいくつも存在しています。

ケイティがよく言うのは、実際に体験しないと「ワーク」は理解できないということです。ただし、「ワーク」と現代の神経科学が正確に符合することを知っておくといいでしょう。ときに「インタープリター（解釈者）」と呼ばれる脳の部位が、心の中になじみの物語をつくりだし、私たちに自己意識を与えていると言われています。ところが最近、二人の著名な神経科学者は、この「インタープリター」によって告げられる物語は、気まぐれであてにならないと発表しました。そのうちの一人であるアントニオ・ダマシオ博士は、次のように説明しています。

「おそらくもっとも重要な発見とは、人間の左脳は、現実とは必ずしも一致しない物語をつくり上げてしまう傾向があるということである」。また、もうひとりのマイケル・ガザニガ博士は、次のように記しています。「左脳は、完全に状況把握しているということを、自らとあなたに信じ込ませようとして、物語をつくり上げている。『インタープリター』は、自分についての一貫性のあるストーリーを保とうとしているのである。そのため、私たちは自らに嘘をつくことを学ばなければならないのだ」

私たちは、自分自身の公式見解を信じてしまう傾向があります。ところが、自分が理性的であると思っているときでさえ、思い込みに振り回されていることがよくあるのです。この脳の特性は、なぜ私たちが自らをつらい立場に置くことになるのかを説明しています。ケイティが発見した自己への問いかけにより、思考の使い方を変え、自分自身で仕掛けてしまっている内面の罠から抜け出すことができます。

「ワーク」を体験することで、自分をみじめにしていた思い込みから即座に解放され、自由になったという報告が多数寄せられていますが、つかの間の経験に終わらせてしまっては、もったいないでしょう。というのは、「ワーク」はその場しのぎではなく、継続的に本質的自己への気づきを深めていくプロセスだからです。「ワークは、私たちの本来のあり方を深いところからよみがえらせてくれる」とケイティは語っています。

実際、「ワーク」への関わりが深まるにつれ、そのパワーを実感できます。しばらく実践している人たちは、「ワークはもはや、自分が実践しているというよりも、自分に直接作用してくるものになった」と述べることがよくあります。あえて意識しなくても、ストレスとなる考えに気づくたび、それが苦しみを引き起こす前に手放すことができるというのです。心の中における現実との闘いが消滅してしまえば、自分自身や人、そして人生で起きるすべてに対する愛が残ることに気づきます。ありのままの現実を愛することは、呼吸のように簡単で自然なことなるのです。

さて、「ワーク」の中核となっている4つの質問をご紹介するのを、ここまで引き延ばしてきました。というのも、「ワーク」の実際例において、それらの質問がどのように機能するかを知っていただくのが最善だと考えたからです。また、ケイティが「置き換え」と呼んでいるものもご紹介します。それは、自分が真実だと信じていることとは逆の内容を体験する方法です。

これからご紹介する例は、約二〇〇人の聴衆を前に、ケイティがメアリーという女性に対して行ったワークの模様です。メアリーは事前に、自分を悩ませているある人物についての考えをワークシートに記入していました。記入に際しての注意書きは、「どんなに批判的でも辛辣でも構いません。自分が感じるままに書いてください。高尚になろうとしたり、相手に優しくしようとしたりしないでください」というものです。

実際、辛辣であればあるほど、「ワーク」の効果が上がる可能性は高くなります。メアリーもその指示に従い、まったく遠慮せずに書き出しています。彼女はパワフルな女性で、年齢はおそらく四〇歳前後。スリムで魅力的。高そうなスポーツウェアをまとっています。話の冒頭から、彼女の怒りといらだちは伝わってきました。

「ワーク」を初めて体験するときには、聴衆であっても一読者であっても、心地よくないと感じることがあります。その際には、参加者全員——ここではケイティ、メアリー、そして聴衆——が皆、真実を求めているという意味では同じ立場にいることを思い出すといいでしょう。たとえケイティがメアリーをからかっているように見えたとしても、それは彼女の苦悩の原因となっている思い込みに対してであって、本人に対してでは決してないことがわかるでしょう。

ワークの中ほどで、ケイティは、「あなたは本当に真実を知りたいですか？」という質問を投げかけます。これはケイティにとっての真実ではなく、また抽象的な一般的真実でもなく、メアリーを悩ませている思い込みの背後に隠れている、彼女にとっての真実という意味です。そもそもメアリーがワークをすることになったのは、ケイティの力を借りることで、自分自身にどう嘘をついているのかを発見できると信じ、またケイティの粘り強さに期待したからです。

それでは、実際例を見ていきましょう。ワークの中で出てくる４つの質問と置き換えの基本的内容は、次ページの図を参考にしていただけます。

メアリー　［まず記入したワークシートを読み上げる］「『私は夫が嫌い。なぜなら、頭にくるから。すべてがイヤ。夫の呼吸のしかたさえも。残念ながら私はもう夫を愛していないし、お互いの関係は表面的になっている。私は、夫にもっと成功してもらいたい。私とセックスをしたがらないでほしい。シェイプアップしてほしい。私と子供以外の

「4つの質問」と「置き換え」の基本

【取り組む考え（例）:「彼は私を大切にしていない」】

〔4つの質問〕

①それは本当でしょうか？【はい／いいえ】

→答えが「はい」であれば②へ、「いいえ」であれば③へ進む。

②その考えが本当であると、絶対言い切れますか？【はい／いいえ】

③そう考えるとき、（あなたは）どのように反応しますか？

④その考えがなければ、（あなたは）どうなりますか？

〔置き換え〕

- 「内容を反対」に置き換える　（例）彼は私を大切にしている。
- 「主語」を置き換える　（例）私は彼を大切にしていない。
- 「自分自身」に置き換える　（例）私は私を大切にしていない。

＊あくまでも基本であり、次ページの事例の中ではこの通りに進みません。
＊置き換えは基本パターンであり、他のやり方もあります。

世界をもってほしい。私に触らないでほしい。強い男になってほしい。私たちの事業をうまく運営していると思い込んで自分をごまかすべきではない。夫は、もっと成功するべきだ。夫は意気地なしだ。私に多くを求めるし、怠け者だ。夫は自分をごまかしている。私は、偽りの生活を送り続けるなんてできない。嘘の夫婦関係を続けたくない』」

ケイティ　「大体そんな感じ？　［会場が笑いの渦になり、メアリーもつられる］　会場の笑い声からすると、あなたはここにいる大勢の人が言いたいことを代弁してくれたみたいね。それでは、あなたの最初の文章から検討して、何が起こっているのか、見ていきましょう」

メアリー　「『私は夫が嫌い。なぜなら、頭にくるから。すべてがイヤ。夫の呼吸のしかたさえも』」

ケイティ　「『夫は頭にくる』──**それは本当でしょうか？**　［4つの質問の一番目］」

メアリー　「本当です」

ケイティ　「わかりました。例えば彼の呼吸でしたっけ？」

メアリー　「そう、彼の呼吸のしかたです。仕事で電話会議をするときに、夫の息づかいが電話の向こうから聞こえてくると、叫び声を上げたい気持ちになります」

ケイティ「では、『夫の息づかいは頭にくる』――**それは本当でしょうか？**」

メアリー「はい」

ケイティ「**その考えが本当であると、絶対言い切れますか？**［４つの質問の二番目］」

メアリー「はい！」

ケイティ「その気持ちはわかります。あなたにとって、それは絶対に本当のことなのね。でも、私の経験では、頭にくる原因はどこにあるかというと、彼の息づかいそのものではなく、息のしかたについてのあなたの『考え』にあるの。それが本当かどうか、もう少し調べてみましょう。電話で息づかいが聞こえるとき、どんな考えが浮かびますか？」

メアリー「夫は電話会議中、息が荒いことにもっと気をつけるべきだということです」

ケイティ「**そう考えるとき、あなたはどのように反応しますか？**［４つの質問の三番目］」

メアリー「夫を殺したい気持ちになります」

ケイティ「彼の息づかいに対するあなたの考えと、実際の呼吸そのものとでは、どちらが苦痛だと感じるの？」

メアリー「実際の呼吸の方が苦痛ですね。夫を殺したいという考えは、むしろ心地よいです」

［メアリーが笑い、聴衆もつられる］

ケイティ　「その考えはもち続けても構いません。それがワークの素晴らしいところ。自分の考えは、どれも捨てる必要がないんです」

メアリー　「ワークを初めて経験するので、どうやって答えていいかわからなくて」

ケイティ　「あなたの答えは完璧よ。予行演習なんていりません。彼の電話の息づかいが荒いから、気をつけてほしいとあなたは考えているけれど、そうしてくれないというわけね。他に考えることは？」

メアリー　「夫に対してあらゆるひどい考えが浮かびます」

ケイティ　「わかりました。『夫は電話で息を吐きかけるのをやめるべきだ』と思っている。それで実際はどうなのかしら。やめてくれたの？」

メアリー　「いいえ。やめてほしいと言いましたけど」

ケイティ　「それでもやめてくれない。それが現実というわけね。真実というのはいつも、実際に起こっていることであって、起こるべきだと考えているストーリーとは違うんです。では、『夫は電話で息を吐きかけるのをやめるべきだ』――**それは本当でしょうか？**」

メアリー　「少し間をおいてから」「いいえ、そうではありません。夫は現にやっていますから。それが真実であり、現実です」

ケイティ　「では、『夫は電話で息を吐きかけるのをやめるべきだ』と考えているときに、彼がやめてくれないと、**あなたはどのように反応しますか？**」

メアリー　「家を出たくなります。でも結局はどこにも行かないとわかっているので、気持ちよくありません」

ケイティ　「あなたのストーリー、つまり何が起こっているかについてのあなたの解釈に入っていくよりも、探求のワークに戻りましょう。あなたは、本当に真実を知りたいですか？」

メアリー　「はい、知りたいです」

ケイティ　「わかりました。ひとつの文章に絞りましょう。『夫は電話で息を吐きかけるのをやめるべきだ』という考えを手放した方がいい理由が見当たりますか？［これは三番目の質問の後にときどき使われる補助質問のひとつである］念のため、ワークに初めて参加された方に申し上げておきます。私がメアリーにストーリーを手放すように言っていると聞こえるかもしれませんが、決してそうではありません。ワークは、思い込みを改善したり、克服したり、捨てるのが目的ではないのです。特定の考えにより、どのような結果がもたらされるか、自分自身で実感するためのものなのです。質問はただ、『あなたにはその考えを手放した方がいい理由が見当たりますか？』ということです」

メアリー　「はい、そうする理由があります。その考えなしに電話会議ができたら、ずっと楽しいでしょうから」

ケイティ　「いい理由ですね。それでは、『夫は電話で息を吐きかけるのはやめるべきだ』という考えをもち続けてもストレスにならない理由はありますか？［これも三番目の質問の後にときどき使われる補助質問である］」

メアリー　「ありません」

ケイティ　**「その考えがなければ、あなたはどうなりますか？**［4つの質問の四番目］電話会議に彼と参加しているとき、あなたが、『夫は電話で息を吐きかけるのはやめるべきだ』という考えを思いつきさえしないと仮定したら、どうなりますか？」

メアリー　「私はずっと幸せで、もっとパワフルになれると思います。それに気が散ることもないでしょうね」

ケイティ　「そう、そういうことなの。あなたを悩ませているのは、彼の荒い息づかいではなく、それに対するあなたの考え。現実に合わないことを探求していなかったせいです。それでは、書き出した次の文章を見てみましょう」

メアリー　『私はもう夫を愛していない』」

ケイティ　「**それは本当でしょうか？**」

メアリー　「はい」

ケイティ　「いいでしょう。ではお聞きします。あなたは、真実を本当に知りたいですか？」

メアリー　「知りたいです」

ケイティ　「わかりました。落ち着いてね。答えが正しいとか間違っているということは、ありませんから。『あなたは彼を愛していない』――**それは本当でしょうか？**［メアリーは沈黙する］　もし今ここで、正直にイエスかノーで答える必要があって、その答えを一生もち続けなければならないとしたら、どう答えますか？『あなたは彼を愛していない』――**それは本当でしょうか？**」［メアリーは長い沈黙の後、泣き出す］

メアリー　「いいえ、本当ではありません」

ケイティ　「とても勇気ある答えですね。自分にとっての真実を答えると、逃げ道がないように思えますからね。『それは本当でしょうか？』はただの質問なのですが、今後への意味合いを考えてしまうと、単純な質問であっても、正直に答えるのはとても恐ろしいことです。答えたら、何かしなければいけないと思ってしまいますから。『彼を愛していない』という考えを信じているとき、**あなたはどのように反応しますか？**」

メアリー　「私の人生全体が、ばかげた芝居のように思えます」

ケイティ　「『彼を愛していない』という考えを手放した方がいい理由は見当たりますか？　手放しなさいと言っているわけではありませんよ」

メアリー　「はい、そうした方がいい理由はあります」

ケイティ　「では、その考えをもち続けてもストレスにならない理由はありますか？」

メアリー　［長い沈黙の後］「そういうストーリーももち続けていると、夫がいつもセックスを求めてこないように仕向けることができます」

ケイティ　「それがストレスにならない理由ですか？　ストレスになるように思えます」

メアリー　「そうかもしれませんね」

ケイティ　「ではもう一度。その考えをもち続けてもストレスにならない理由がありますか？」

メアリー　「なるほど、思い当たらないですね。そのストーリーをもち続けてもストレスにならない理由はありません」

ケイティ　「興味深いですね。『彼を愛していない』という**考えがなければ**、一緒にいるあなたは**どうなりますか？**」

メアリー　「素晴らしいです。私の望み通りです」

ケイティ　「要するに、その考えを信じているときはストレスになる。その考えがないと、素晴らしいと思える。ということは、彼はあなたの不幸にどう関わっているのでしょう。今はただ、気づくだけで結構です。それでは、『私は夫を愛していない』を**置き換え**てみてください」［4つの質問の後に置き換えをする］

メアリー　「私は夫を愛している」

ケイティ　「感じてみてください。その気持ちは、彼とは何の関係もないでしょう？」

メアリー　「そうですね。本当に関係ないですね。おっしゃる通り、彼とは関係なく、私は彼を愛していると感じることができます」

ケイティ　「ときどきあなたが嫌いだと思ったとしても、彼とは何の関係もないこと。彼は、ただ呼吸しているだけ。あなたは、彼を愛しているというストーリーをつくることもできれば、彼が嫌いだというストーリーをつくることもできる。結婚生活で幸せであると感じることは、あなたひとりでも可能です。それでは、もうひとつの**置き換え**をしてみましょう」

メアリー　「私は自分自身を愛していない。これは思い当たります」

ケイティ　「あなたは、夫と離婚したら、気分がよくなると思っているかもしれないけれど、自分の考えを探求しなければ、また次の人に同じ考えを当てはめるでしょう。私たちは、人や物に執着するのではなく、探求しないまま、本当だと信じ込んでいる考えに執着しているんです。それでは、ワークシートの次の文章に移りましょう」

メアリー　「『夫は私に多くを求めないでほしい、私に頼らないでほしい、もっと成功してもらいたい、私とセックスをしたがらないでほしい、シェイプアップしてほしい、私と子供以外の世界をもってほしい、強い男になってほしい。まだまだあります』」

ケイティ　「それでは、全部自分に**置き換え**てみましょう」

メアリー　「私は私に多くを求めないでほしい、彼に頼らないようにしてほしい、もっと成功してもらいたい、彼とセックスしたいと思ってほしい、シェイプアップしてほしい、彼と子供以外の世界をもってほしい、強くなってほしい」

ケイティ　「『彼は私に多くを求めるべきでない』——**それは本当でしょうか？**　現実問題として、彼は多くを求めるんですか？」

メアリー　「そうです」

ケイティ　「ということは、『彼は私に多くを求めるべきでない』はありえないということね。あなたによれば、彼は多くを求めるんだから。では、『彼は私に多くを求めるべきでない』と考えるときに、現実に彼が多くを求めるとしたら、**あなたはどのように反応しますか？**」

メアリー「いつも逃げ出したくなります」

ケイティ「『彼は私に多くを求めるべきでない』という考えがなければ、彼の前で**あなたはどうなりますか？**」

メアリー「たった今、わかったんですが、私は自分を防衛する必要がなくて、愛情に満ちた空間にいると思います。夫が多くを求めることにちょっとでも気づくと、逃げ出さずにいられないんです。今までずっとそうだったんです」

ケイティ「彼が多くを求めるとしても、あなたはやめてほしいと正直に言わないわけね。逃げたくなったり、実際に逃げたりするだけで、彼にも自分自身にも正直であろうとはしていない」

メアリー「そうですね」

ケイティ「ということは、自分のことをよく理解し、自分に正直になるまで、『彼は多くを求める』と言い続けることになってしまいますね。どういうことなのか、ロールプレイで明らかにしてみましょう。あなたが彼の役をして、いろいろ求めてみて。私は、自分に正直な役をやります」

メアリー　「求めたがりの彼がやってきて言います。『今すごくいい電話があったんだ。君に聞いてもらわなくちゃ。ある男性だけどね、素晴らしいビジネス・パートナーになってくれるよ。もう一本の電話はね……』。彼はこんな調子で、とどまることを知らないんです。私は、締め切りがあって忙しいっていうのに」

ケイティ　「いい電話があったんですって？　私もうれしいわ。でも、今は部屋から出て、私をひとりにしてほしいの。締め切りがあるから」

メアリー　「でも、旅行の計画を立てなければいけないだろう。ハワイにはいつ行く？　航空会社を決めないとね」

ケイティ　「ハワイ旅行の計画について話したいのね。今夜夕食のときに相談しましょうよ。今は本当にひとりにしてほしいの。締め切りが迫っているから」

メアリー　「女友達が電話をかけてくると、小一時間しゃべっているくせに、僕の言うことは数分も聞けないっていうのかい？」

ケイティ　「それは一理あるかもしれないわね。でも、今は部屋を出てほしいの。冷たいと思うかもしれないけれど、そうじゃないのよ。ただ締め切りに間に合わせたいの」

メアリー　「私はこんなふうに受け答えしたことはありません。たいてい、夫に対して邪険になって、ただ腹を立てています」

ケイティ　「あなたが意地悪になってしまうのは、本音でノーと拒否することを恐れているからでしょう。『私はあなたに出ていってもらいたいの。締め切りがあるから』と言わないのは、何かを彼に求めているためです。何のために、あなた自身と彼を欺《あざむ》いているの？　求めているものは何でしょうか」

メアリー　「私って、誰に対しても率直ではないんです」

ケイティ　「それは、あなたがみんなから何かを求めているからでしょう。何でしょうね？」

メアリー　「私は、誰かに嫌われるということが耐えられないんです。不和を望んでいないんです」

ケイティ　「人に受け入れられたいのね」

メアリー　「そうですね。調和を保ちたいんです」

ケイティ　「『彼があなたの言動を受け入れれば、家庭に調和が保たれる』――**それは本当でしょうか？**　それでうまくいきますか？　実際に家庭で調和は保たれているんでしょうか？」

メアリー　「いいえ」

ケイティ　「家庭の調和のためにと思って率直さを犠牲にしているけれど、それではうまくいかないでしょう。愛や承認、感謝といったものを人に求めるのは、やめましょう。そして、現実に何が起こっているかを観察してみて。楽しむつもりですればいいのよ。さぁ、もう一度あなたの文章を読んでみてください」

メアリー　「『夫は私に多くを求めないでほしい』」

ケイティ　「そうですね。では**置き換え**てみて」

メアリー　「私は私に多くを求めないでほしい」

ケイティ　「そう、あなたはすべてに調和を望んでいるのね。彼に受け入れてもらう必要があるし、あなたのために荒い息づかいも改めてほしければ、性的欲望も抑えてほしい。どちらの方が多くを求めているんでしょう？　誰が誰に依存しているんでしょう？　では、リスト全体を**置き換え**てみましょう」

メアリー　「私は私に多くを求めないでほしい。頼らないでほしい」

ケイティ　「もしかして、彼に対してかもしれないですね」

メアリー　「私は私にもっと成功してほしい。私は私にシェイプアップしてほしい。でも私はシェイプアップしていますけど」

ケイティ　「そうなの？　でも精神的にはどうでしょう？」

メアリー「ああ、それは取り組めます」

ケイティ「あなたはベストを尽くしているの？」

メアリー「はい」

ケイティ「彼もそうかもしれませんね。『彼はシェイプアップすべきだ』――**それは本当でしょうか？**」

メアリー「いいえ、夫は実際にはシェイプアップしていませんから」

ケイティ「『夫はシェイプアップすべきだ』と考えているのにそうしてくれないとき、**あなたはどのように反応しますか？** 彼にどう接し、何を言いますか？ 何をしますか？」

メアリー「それとなく、私の筋肉を見せます。彼を受け入れているような視線を向けたり、ほめたり、優しくするようなことは一切ないですね」

ケイティ「いいでしょう。目を閉じてみてください。まず、彼にそういう視線を向けているいつもの自分を思い浮かべて。それから、次に彼の顔を見てください。［しばらく間があり、メアリーはため息をつく］ さぁ、目を閉じたまま、もう一度彼を見てください。『夫はシェイプアップすべきだ』という**考えがなければ**、一緒にいるあなたは**どうなりますか？**」

メアリー「私は彼を見つめて、結構ハンサムだって思っています」

ケイティ「そう、それに、彼のことをどれだけ愛しているかがわかるでしょう。素晴らしいことじゃない？　ワクワクするでしょう。それでは、少しそのままの状態で、あなたが彼にどう接するかを見てみましょう。まだ彼はあなたとハワイへ行きたがっているのよ。すごいじゃない！」

メアリー「彼の信じられないところは、私が邪険で意地悪でも、無条件で私を愛してくれているることなんです。それが頭にくるんです」

ケイティ「彼は頭にくる――**それは本当でしょうか？**」

メアリー「いいえ。頭にきているのは、私の考えに対してだったんですね」

ケイティ「では、戻りましょう。『彼はシェイプアップすべきだ』を**置き換え**てみて」

メアリー「私はシェイプアップすべきだ。私の考えをシェイプアップすべきだ」

ケイティ「そうね。彼を見て嫌悪感を抱くたびに、あなたの考えをシェイプアップするようにしてください。相手を裁く考えを紙に書き出し、4つの質問をして、置き換える。苦しむのに疲れたのならね。さあ、もうわかったでしょう。ワークシートに書いた残りの文章についても、同じようにやってください。あなたとお話しできてよかった。探求のワークへようこそ！」

すべての思考から距離を置くことができれば、
たどりつけない場所はない。

僧璨（中国禅宗第三祖。六〇六年没）

本書には、ワークをひとりで、あるいは他の人と実践していただくために必要なことがすべて書かれています。ワークのプロセスをステップごとに説明し、ケイティとワークを行った多くの人たちの事例を取り上げました。ケイティは、非常に困難な問題を明確に解きほぐしていきます。これらの事例は、いくつかのドラマチックなケースも含め、ごく普通の人々が、自分への問いかけを通して心の自由を発見していく様子を記録したものです。

スティーヴン・ミッチェル

ワークは、たった**4つの質問**からなるものです。それ自体は内容をもっておらず、特定の方向へあなたを連れていったり、何かをさせるものではありません。あなたの答えがあって初めて成立するものなのです。

他のどんなプログラムにも取り入れて効果を高めることができます。

4つの質問は、自分にとって真実でないものを焼き払います。それにより、ずっと発見されるのを待っていた現実が姿を現すのです。

この本の使い方

この本の目的は、あなたを幸せにすることです。何千もの人々に効果を上げてきたワークを、あなた自身の人生にどう活用していったらいいか、具体的に理解していただけます。

まず、気分がイライラしたり、落ち込んだりする問題から、ワークを始めてみてください。この本は、探求しやすくするためのワークシートの使い方、4つの質問、あなたが抱えている問題への応用のしかたについて順に説明しています。ワークは、シンプルでありながら人生を根本的に変える解決法を教えてくれます。

ワークについて学ぶ方法は、人それぞれです。事例がどのように展開するかを見ていく（自分なりの答えを探しながら主体的に読むことをお勧めします）、自分が悩んでいる問題について、実際に紙とペンを手にワークする、など。ワークの基本を身につけるために、まずは第1章、第2章、できれば第5章にも目を通してください。その後で、ワークの事例を初めから順番に読んでください――もちろん、役に立ちそうだと思ったらで構いません。特に興味あるトピックに関する事例だけ読んで、他は飛ばしてしまっても大丈夫です。あるいは、ワークのやり方のところだけ読んで、ときどき事例を覗いてみるというのでも結構です。きっとご自分にとってベストな方法を見つけて読んでいただけることでしょう。

第1章 基本的な考え方

われわれは、自分の内面という
コントロール可能な次元に入っていく。

ワークの素晴らしい点は、自分自身の中に幸せを発見できるということです。自分の中にずっと存在し、待っていてくれた不変・不動のものを体験できるのです。指導者は必要ありません。あなた自身こそ、待ち望んでいた「教えてくれる人」であり、自分の苦しみを終わらせることができるのです。

「私の言うことは信じないでください」とお話しすることがよくあります。というのも、私にとってではなく、あなた自身にとっての真実を見つけてほしいからです。ただ、ワークを始めるに当たり、多くの人たちに役立っている基本的な考えがありますので、それをまずご紹介したいと思います。

1　自分の考えが現実と闘っていることに気づく

私たちが苦しむのは、ある考えを信じて、現実に異を唱えるときです。頭の中が完璧に澄んだ状態であれば、あるがままの現実こそを私たちは望むでしょう。

あるがままの現実を認めず、変わってほしいと望むのは、猫にワンと吠えるように教えるのと同じことです。どんなに試したところで、猫はニャーと鳴くばかり。現実が変わる見込みはありません。残りの人生を、猫にワンと吠えるように教えて過ごすのでしょうか。

現に毎日の生活の中でも、これとよく似た考えが、あなたの頭の中を何十回もよぎっているはずです。「人はもっと思いやりをもつべきだ」、「子供は行儀よくしなければならない」、「隣の人は、芝生の手入れをもっとちゃんとすべきだ」、「スーパーのレジの列はもっと速く進むべきだ」、「夫（妻）は私に賛成すべきだ」、「私はもっとやせなければ（きれいにならなければ、成功しなければ）ならない」などです。これらの考えは、現実が違うものであってほしいということであり、聞いていると気が滅入るのももっともです。私たちが感じるあらゆるストレスは、あるがままの現実に異を唱えることから引き起こされるのです。

私が一九八六年に現実というものに目覚めてから、人からよく、「風と仲よくなった女性」

と言われます。私が住んでいたバーストウという砂漠の町では、風がよく吹くのですが、みんな嫌がっていました。風に耐えかねて引っ越してしまう人もいるぐらいでした。私が風――現実――と仲よくなったのは、他に選択肢がないと気づいたからです。現実に異を唱えるのがいかにばかげているか、わかったのです。現実と闘えば、一〇〇％負けます。私がどう思おうがお構いなく、風は吹いているのですから。

ワークを学び始めたばかりの方々から、次のように言われることがよくあります。「現実と闘うことをやめてしまうと、意欲が湧いてきません。ただ現実を受け入れてしまったら、消極的になるでしょうし、行動する意欲すらなくしてしまうかもしれません」。こういう声に対し、私は質問で応えることにしています。「それは本当でしょうか？　『失業しなければよかったのに』と現実に抵抗しながら悩むのと、『失業した。今できることは何だろう？』と現実を受け入れるのでは、どちらが意欲的でしょうか？」と。

起こってほしくなかったことは、実は起こるべくして起こったのだということがワークによってわかります。実際に起こったのだから、起こるべくして起こったのです。世の中のいかなる考えもその現実を変えることはできません。

別に、現実に起こったことを容認しているわけではありません。抵抗したり、内面の葛藤によって混乱したりすることなく、ものごとをあるがままに見ることは可能だということなのです。誰だって、子供に病気になってほしくありませんし、交通事故にも遭いたくはありません。でも実際に起こってしまったら、現実に対し、頭の中で闘うことが助けになるでしょうか？　そんなことをしてもしょうがないと知りつつも、そうしてしまうのは、止めるすべを知らないからです。

私は、ありのままの現実を愛します。スピリチュアルな人間というわけではなく、現実と闘うと苦しむからです。ありのままの現実がなぜよいかは、抵抗すると緊張やフラストレーションを感じることからも明らかです。自然でバランスがとれているようには感じません。逆に現実に抵抗することをやめると、行動がシンプルで柔軟になり、思いやりに満ち、恐れがなくなります。

2　自分自身の領域にとどまる

世界にはたった三種類の領域しかありません。私の領域、あなたの領域、そして神の領域です。私にとって、神という言葉は「現実」を意味します。現実こそが世界を支配しているという意味で、神なのです。私やあなた、みんながコントロールできないもの、それが神の領域です。

ストレスの多くは、頭の中で自分自身の領域から離れたときに生じます。「（あなたは）就職した方がいい、幸せになってほしい、時間通りに来るべきだ、もっと自己管理する必要がある」と考えるとき、私はあなたの領域に入り込んでいます。一方で、地震や洪水、戦争、死について危惧していれば、神の領域に入っていることになります。私が頭の中で、あなたや神の領域に干渉していると、自分自身から離れてしまうことになります。

私がこのことに気づいたのは、一九八六年の初め、頭の中で母の領域に入り込んだときです。例えば、「母は私を理解すべきだ」という考えをもつと、たちまち孤独感に襲われたのです。私の人生を振り返ってみると、傷ついたり、孤独に感じたりしたのはいつも、誰かの領域に踏み込んでいるときであることに気づきました。

あなたはあなたの人生を生きているのに、私が頭の中であなたの領域に入り込むと、私の領域を生きている人がいなくなります。その結果、うまくいかない人生に思い悩むことになります。

誰かにとって最善のことを自分が知っていると考えるのは、自分の領域を離れることになります。愛という名の下《もと》であっても、まったくの驕《おご》りであり、緊張や不安、恐れを招くことになります。あなたのために問題を解決しようとする前に、自分自身にとって何が正しいかを知ることが、私にとっての唯一の領域です。

三つの領域を理解し、自分自身の領域にとどまれるようになれば、想像できないほど人生が解放されます。ストレスや不快感を覚えたときには、自分が頭の中で誰かの領域に入り込んでいないか、自問してみてください。

笑ってしまうかもしれません。この質問は、自分自身に立ち戻らせてくれるのです。これまでずっと、自分の領域にいることなく、頭の中では人の領域で生きていたと気づくこともあります。

しばらくこの自問を続けていくと、実はあなたの領域というものもなく、人生はひとりでにうまくいくものだということに気づくかもしれません。

3　自分の考えを理解する

考えというものは、信じさえしなければ無害です。苦しみの原因となるのは、考えそのものではなく、考えに対する執着です。考えに執着するというのは、それについて探求することなく、思い込んでしまうことを意味します。「ビリーフ」というのは、長い間（多くの場合、何年も）執着してきた考えのことです。

大半の人は、自分とはこういう人間なんだという考えを信じています。けれどもある日、私は気づいたのですが、自分が息をしているわけではなく、息をさせられているのです。また驚くべきことに、自分が何かを考えているのではなくて、考えさせられているのです。考えるということは、個人がやっていることではありません。朝、目を覚まして、「今日は何も考えないようにしよう」と思ったところで、時すでに遅し。すでに考えてしまっています。考えというのは、おのずと現れるものです。どこからともなくやってきては去る、晴天の雲の動きのようなものです。とどまることなく、通り過ぎていくだけです。考えというものは、真実だと思い込んで執着しない限り、害はありません。

自分の考えをコントロールすることは誰にもできません――さもできるかのように話をする人もいますが。私は、自分の考えを手放すのではなく、理解します。そうすると、考えの方が、私を手放してくれる感じがあります。

考えは、そよ風や木々の葉、雨のしずくのようなもの。ただ現れるだけであり、問いかけを通じて、親しんでいくのです。雨のしずくに抵抗することはないでしょう？　雨は自分にとって意味をもつものではありません。考えもそうです。痛みを伴う考えをいったん理解できれば、それが再び現れたときには興味が湧きます。

かつて悪夢だったことが、今はただ興味深いものとなります。次に現れたときには、面白いとさえ思うかもしれません。そしてついには、その考えに気づくことすらなくなります。ありのままの現実を愛することがもつパワーなのです。

4 自分のストーリーに気づく

現実だと信じ込んでいる考えを、私はよく、「ストーリー」と呼んでいます。ストーリーは、過去や現在や未来についてのことであったり、ものごとがどうあるべきか、どうなる可能性があるか、なぜそうなのかということについてだったりします。そういうストーリーが、一日に何百回となく私たちの頭の中に現れます。

誰かが一言も発しないまま立ち上がり、部屋を出て行くとき。誰かが微笑まないとき。電話を折り返しかけてこないとき。知らない人が笑いかけてくるとき。重要な手紙を開ける前。自分の胸に、なじみのない感覚を感じるとき。上司の部屋に呼ばれたとき。パートナーが話しかけてくるときの声のトーン。ストーリーというのは、検証や探求をしていないにもかかわらず、何らかの意味づけをしている考え方と言えます。私たちはふだん、たんなる考えであるということを意識すらしていません。

ひとつ、例を挙げてみましょう。私が自宅近くのレストランの化粧室に入ったときの話です。ちょうど個室から出てきたひとりの女性と出くわしたので、お互いに目を合わせて微笑みを交わしました。私がその個室に入ってドアを閉めると、その女性は歌を口ずさみながら、手を洗い始めます。「なんて素敵な声！」と私は思いました。ところが、彼女が去る音がしたとたん、便座が濡れていることに気がつきました。「こんな無作法なこと信じられない」、「立って用を済ませたんじゃないかしら?」という考えが次から次へと浮かびます。あげくの果てに、「女装が好きな男性で、裏声で歌っていたのかも」という考えさえ浮かびました。彼女(彼)を追いかけていって、個室がどんなひどいことになっているか、ひと言、言ってやろうとさえ思ったのです。私は便座を拭きながら、自分の言いたいことをすべて思い浮かべました。

ところが自分が用を終えてレバーを押したとたん、トイレから水が勢いよく吹き上がり、便座を水浸しにしてしまったのです。

この例の場合、自然ななりゆきのおかげで、私のストーリーはそれ以上先に進まないうちに、暴かれました。ところが、普通はこんなふうにはいきません。問いかけという方法を見つける前は、このようにどんどん浮かんでくる考えを止めようがなかったのです。ちょっとしたストーリーがだんだんと大きくなっていき、人生についての考え方にまでふくらんでいくのです。人生とはいかに恐ろしいものか、世界はいかに危険かというように。私の場合は鬱《うつ》状態になり、おびえて寝室から出られなくなってしまいました。

何が起きているかということについて、検証しないまま信じ込んだ考えに基づいて動き、そのことに気づいてさえいないというのは、夢の中にいる状態と同じです。こうした夢は、往々にしてやっかいなものとなり、ときには悪夢にさえなります。そのようなとき、自分の考えについてワークをすることで、本当かどうかを検証してみることができます。ワークはいつも、不快なストーリーの数を減らしてくれます。

その考えがなければ、あなたはどうなりますか？　あなたの世界は、どれだけの検証していないストーリーから成り立っていますか？——問いかけをすることでわかります。

5　苦しみの背後にある考えをつきとめる

真実ではない考えに対する執着以外によって引き起こされたストレスというものを、私が体験したことは一度もありません。すべての不快な感情の背後には、真実ではない考えが隠れています。「風が吹いてほしくない」、「夫は私に賛成すべきだ」といったように、私たちは現実に抵抗する考えをもつことでストレスを感じ、その状態のまま行動するので、ストレスはさらに増えます。それでも本来の原因となった考えを理解しようとはせず、自分以外のことでストレスを解消しようと試みます。他人を変えようとしたり、セックスや食べ物、酒、薬物、お金といったものを求めるのです。ところが、こういう方法はつかの間の慰めであり、自分のことはコントロールできるという幻想を与えるものにすぎません。

どんなストレスであっても、それは「あなたは夢の中にいますよ」と教えてくれる、思いやりのある目覚まし時計だと覚えておくと助けになります。つまり、落ち込みや痛み、恐れといったものは、「自分が今、何を考えているか、見てみなさい。あなたは真実ではないストーリーの中で生きているんですよ」と言ってくれている贈り物なのです。夢の中にとらわれていると、自分の外にあるものを求めることで、ストレスに対処しようとします。

私たちは通常、自分の考えよりも感情にまず気づきます。だからこそ、ストレスになっている感情は、ワークの対象となる考えがあることを教えてくれる目覚まし時計なのです。真実ではない考えを探求することで、常に本来の自分に戻ることができます。本来の自分ではないものを信じ、幸福につながらないストーリーを生きることは、あなたの心を傷つけるのです。

例えばあなたが火の中に手をつっ込んだとしましょう。手をどけるようにと誰かに言ってもらう必要はありませんし、決断するまでもありません。自分で指示を出さなくても、火傷しないように自然に手が引っ込みます。

これと同じで、問いかけを通じて、真実と異なる考えが苦しみを引き起こしていることを理解すると、そこから自然に離れることができるようになります。考えが発生する前は、苦しんでいなかったのです。考えをもつことによって、苦しむのです。自分の考えが真実ではないと気づくことで、苦しみはなくなります。それがワークのしくみなのです。

次のような感じになります。

「そう考えるとき、私はどのように反応するだろうか？」――手は火の中。

「その考えがなければ、私はどうなるだろうか？」――手を火から離す。

考えに意識を向け、手が火の中にあるのを感じると、自然にそこから離れます。そうするように人から言ってもらう必要はありません。そして次に同じ考えが浮かんできたら、自動的に火から離れるようになります。ワークは、内面の原因と結果に気づくよう、促します。そうした関係にひとたび気づいたなら、あらゆる苦しみが自然に解きほぐされていくのです。

6 問いかけ（探求）

私は、「問いかけ」という言葉を、「ワーク」の同義語として使っています。問いかける、あるいは探求するということは、考えやストーリーに対し、4つの質問と置き換え（詳しくは次章を参照のこと）を行うことを意味します。問いかけという方法は、混沌としているように見える世界であっても、混乱を終わらせ、内なる平和をもたらしてくれます。また何にもまして、私たちが必要とするすべての答えは、いつでも自分の中にあると気づかせてくれます。

問いかけは、単なる心理テクニックとは違い、私たちの本来のあり方を内奥から生き返らせてくれます。しばらく実践していくと、問いかけはあなたの中で、独自のいのちをもつようになります。考えが現れるときには必ず問いかけも現れて、対《つい》になってバランスをとってくれるのです。

そのおかげで、あなたは人の話を聞くときに、思いやりをもち、柔軟で、恐れがなく、楽しむことができます。自分自身から学ぶこともできます。そして、憤慨したり、批判したり、恨んだりすることがなく、信頼されます。自由に生きることができるのです。

やがては、自然に気づきが生まれてきます。心の中やあらゆる関係、体験が平和と喜びで満たされます。そのプロセスはとても微妙であるため、意識することすらないかもしれません。あなたが知っていることはただ、以前は傷ついていた、今は傷ついていないということだけかもしれないのです。

第2章 ワークのやり方

自分の考えに執着したままでいるか、探求するか、
選択は二つのうちどちらかしかない。

私がよく受けるワークへの批判は、シンプルすぎるということ。「自由はそんなに単純であるはずがない！」と言われるのです。それに対して私はこう答えます。「自由はそんなに単純でないということが本当であると、絶対言い切れますか？」

誰かについて「裁く（ジャッジする）」気持ちを紙に書き、４つの質問を投げかけ、置き換えてみましょう。

1．誰かについて「裁く」

【なぜ人を裁くのか】

ワークの最初のステップは、自分の人生（過去、現在、未来）においてストレスを感じている状況について、「裁く」気持ちを書き出すことです。自分が嫌いだと思っている人、心配になる人。自分を怒らせたり、怖がらせたり、悲しませたりする人。相反する気持ちを感じたり、困惑させられたりする人物について書いてください。自分が考えている通りに書きましょう。白紙に書いてもいいですし、後に掲載している「ジャッジメント・ワークシート」をコピーしていただいても構いません。私のウェブサイトからもダウンロードできます。

http://www.thework.com/nihongo/downloads/JYN_japanese.pdf

ワークシートに記入する際は、最初、難しく感じるかもしれません。人を裁かないようにと教え込まれているせいです。けれども結局は誰でも始終、頭の中で人を裁いているのです。ワークによって、そうした裁く気持ちを紙の上に表現する――ときには叫ぶように――ことをようやく許されるのです。非常に不快な内容を伴う考えに対しても、ワークをする中で、無条件の愛が待っているかもしれません。

まずは、あなたが完全には許していないひとりの人物について書くことをお勧めします。スタート地点として、もっともパワフルだからです。その人を九九%許していたとしても、許しが完了するまで、自由になれません。許せない一%の部分こそが、あなたの他のすべての人間関係（自分自身との関係も含め）においても行き詰まっているところなのです。

また、ワークの初心者であれば、最初にワークシートで裁く相手は、自分以外にすることをお勧めします。自分を裁くと、問いかけに対する答えが特定の方向に行ったり、今までもうまくいかなかった解決方法になりがちです。まず誰かを裁き、問いかけをし、置き換えをすることこそ、自分を理解する近道になります。自分自身を裁くのは、真実がもつパワーを信頼できるほど十分にワークを経験してからがいいでしょう。

ワークを行うと、自分が人をどう見ているかを通じて、自分がどういう人間なのか、理解できます。そして最終的に、自分の外にあるすべては、自分自身の考えの投影であることに気がつくでしょう。あなたはストーリーの語り手であり、あらゆるストーリーをこの世界に投影しています。世界というのは、あなたの考えを投影したものなのです。世の初めから、人間は幸せになることを目指して、世界を変えようと試みていますが、そうしたやり方は本末転倒であり、うまくいったためしがありません。ワークは、投影された映像ではなく、投影する側――

つまり自分の考え方——を変える方法を教えてくれるのです。

それは、映写機のレンズに糸くずがついているようなもの。私たちは、スクリーンに欠陥があると考え、いろいろな人の問題に意識がいき、相手を変えようとしますが、投影された映像を変えようとしてもうまくいきません。糸くずがどこにあるかがわかれば、レンズそのものをきれいにすることができるのです。これが苦しみの終わりであり、楽園のささやかな喜びの始まりなのです。

「すべては自分についてなのだとわかっていながら、なぜ自分ではなく、身近な人を裁く必要があるのでしょうか？」とよく聞かれます。その際は、「よくわかります。とにかくワークのプロセスを信じて、まず誰かについて裁き、その後の簡単な指示に従ってください」とお願いしています。身近な人（存在）とは、例えば、母、父、妻、夫、子供、兄弟姉妹、パートナー、近所の人、友人、敵対する相手、ルームメイト、先生、上司、部下、同僚、チームメイト、セールスマン、顧客、公的機関、神仏などが含まれます。個人的に近い関係にある人を選択するほど、ワークが効果的に働く傾向があります。

ワークに習熟するにつれ、死、お金、健康、体、依存といったテーマ、さらには自己批判についても掘り下げたくなるかもしれません（第6章で仕事とお金、第7章で自己批判、第11章で体と依存について扱っています）。いったん会得できれば、心に浮かんだどんな不快な考えも書き出し、問いかけをしていくことが可能になります。いかなるストレスも、自分を自由へと導いてくれる贈り物だと気づいたとき、人生はとても優しいものになります。

【なぜ「紙に書く」のか】

ワークを行うときは、自分が裁いている言葉を実際に書き出すことが大切です。書き出さずに、頭の中だけでワークしようとすると、思考の働きが先走ってしまいます。どういうことかというと、あなたが気づかないうちに頭は別のストーリーに進んでしまい、探求するよりも、裁いている内容を正当化してしまうのです。このように光より速いとも言える頭の働きは、書き出すことによって止めることができます。紙の上に思考を留め、動かないようにすることにより、探求しやすくなるのです。

自分の考えを検閲しようとしないで、ありのままに書き出してください。ペンと紙をもって座り、待っているうちに、言葉やストーリーが出てきます。本当に真実を知りたいと望み、ストーリーを書きとめることを恐れなければ、自我が猛烈な勢いでペンを走らせてくれるはずです。というのも、自我はあなたが一度立ち止まって、その声に耳を傾けてくれる日を、ずっと待っていたからです。ですから、紙の上で自我に生命を与えてあげてください。自我が子供のように何でも話してくれて、考えが紙の上に表現されることで、探求が可能になります。

ワークシートに記入する際は、批判的でも辛辣でも子供っぽくても構いません。子供が悲しみや怒り、混乱、恐れをそのまま表現しているかのように書くとよいでしょう。賢く見せようとしたり、精神的にすぐれた状態になろうとしたり、思いやりをもとうとしたりしないでください。自分がどう感じているかということについて、まったく正直でいることができ、検閲しなくても済むチャンスなのです。ですから結果を恐れずに、自分の感情を思い切り表現しましょう。

ワークを学び始めてしばらくたつと、ワークシートに書く内容がさらに辛辣なものになっていきます。なぜなら、問題が解消するにつれ、ビリーフがもっと微妙で見えにくくなるため、自分がまだ引っかかっていることをあえて探す必要があるからです。ワークをすればするほど、感情を害することが見つけにくくなるため、かえって自分の考えを検閲せずに辛辣に書くことができます。そして最終的には、問題が見つからなくなります。こうした経験談が、何千という人から寄せられているのです。

頭の中をかけめぐっている考えやストーリー、特に怒りや恨み、悲しみなど、自分に本当に苦痛を与えているものを書き出しましょう。非難の矛先を、まずはあなたにもっとも近しい人であなたを傷つけた人、嫉妬を感じる相手、我慢ならない人、失望させられた人などに向けてください。具体的には、「夫が家を出てしまった」、「恋人にエイズをうつされた」、「母は自分を愛してくれなかった」、「子供が尊敬してくれない」、「友人の裏切りにあった」、「上司が嫌いでたまらない」、「隣人に耐えられない。私の生活をめちゃくちゃにしている」などです。

また今朝、新聞で読んだ飢饉や戦争で命を落とした人や家を失ってしまった人について書きたいかもしれませんし、スーパーでモタモタしているレジの人や、車を運転中に前に割り込んでくるドライバーについて書いても結構です。いかなる話であれ、共通項は次の通りです。「こんなこと、起きるべきではない。こんな体験をするなんて。神様は不公平だ。人生は公平ではない」

初心者の中には、「何を書いていいのかわからない」という方も、ときどきいます。「ワークをする必要があるんだろうか？　誰に対しても憤りを感じていないし、特に困っていることも見当たらないし」と。けれども、少し時間をかければ、日常のできごとの中に取り組むテーマを見つけることができるでしょう。例えば、友人が折り返し電話をすると言ったのに、電話をくれなくてがっかりしたこと。五歳のとき、自分がしてもいないことについて母親に怒られたこと。世界中で起きている苦しみについて考えさせられ、気分を害したり、恐ろしくなったということなど。

こうした心の声を紙に書き出してください。どんなに頑張っても、頭の中のストーリーを止めることはできませんが、苦しみやフラストレーション、怒り、悲しみなど、心が語るありのままを書き出すことにより、自分の内側で渦巻いているものを見つめることができます。文字で表されることによって、具体的になるのです。そして最終的には、実際のワークにおいて、自分の内側で起きていることを理解するプロセスが始まります。

例えば子供が道に迷うと、本当に恐ろしい体験として感じられるかもしれません。頭が混乱し、途方に暮れたときも、同じくらい恐ろしい思いをすることがあります。けれどもワークを始めれば、そこに筋道を見出すことができ、家にどう戻ればよいかがわかります。思考というものは、理解されることにより、いつでも家に帰ることができるのです。

★ポイント

①ストレスを感じている状況について、「裁く」気持ちを書き出す。
②初心者の場合、自分以外の誰かひとりを選ぶ。
③個人的に近い関係にある人を選んだ方が、効果的。
④内容を検閲せず、思い切り批判的になり、気持ちをぶつける。

2．ワークシートを使って探求する

「ジャッジメント・ワークシート」の目的は、痛みを伴うストーリーや誰かを裁く考えを書き出すことです。内面に潜む「裁く気持ち」を引き出すことができます。ワークシートに書いた内容を使って、ワークを行います。自分の書いた文章それぞれに対して、４つの質問を投げかけることで、心の真実に導かれるのです。

【ステップ1　ジャッジメント・ワークシートに記入する】

次のページの「ジャッジメント・ワークシート」では、答えの例として、私の二番目の夫だったポールについて書いています（彼の許可を得ています）。人生が変わる前の私の考えが書かれています。

ジャッジメント・ワークシート

あなたがまだ100％許していない誰かのこと（生きているかどうかを問わず）について、下記の空欄に簡潔に記入して下さい。自分の文章を検閲しないようにしましょう。その状況が今、起きているかのように、怒りや痛みをフルに味わうようにして下さい。この機会に、自分が誰かや何かについて裁いている考えを紙に表現してみましょう。

1．誰について怒りを感じたり、混乱したり、悲しかったり、失望しますか？　それはなぜですか？　あなたが好きではないのは、どんな点ですか？

私は＿＿＿＿＿＿に対して＿＿＿＿＿＿＿＿＿＿。なぜなら、＿＿＿＿＿
（名前）

＿＿＿＿＿＿＿＿＿＿＿＿＿＿＿＿＿＿＿＿＿＿＿＿＿＿＿＿＿＿＿＿

（例：私は*ポール*に対して*怒っている*。なぜなら、*彼は私の話を聞いてくれないから。私に感謝しないから。私がいうことにいちいち反論するから*。）

2．あなたはその人にどのように変わってほしいですか？　何をしてほしいですか？

私は＿＿＿＿＿＿に＿＿＿＿＿＿＿＿＿＿＿＿＿＿＿＿＿＿＿＿＿＿＿＿
（名前）

＿＿＿＿＿＿＿＿＿＿＿＿＿＿＿＿＿＿＿＿＿＿＿＿＿＿＿＿＿＿＿＿

（例：私は*ポール*に*自分の誤りを認めてほしい*。私は*彼*に*謝ってほしい*。）

3．その人がすべき（あるべき）こと、すべき（あるべき）でないことは何ですか？　考え（感じ）るべきこと、べきでないことは何ですか？　あなたは、どのようなアドバイスをしますか？

＿＿＿＿＿は＿＿＿＿＿＿＿＿＿すべきである／すべきでない。
（名前）

＿＿＿＿＿＿＿＿＿＿＿＿＿＿＿＿＿＿＿＿＿＿＿＿＿＿＿＿＿＿

（例：ポールは自分を大切にすべきである。彼は私と議論すべきでない。）

4．あなたが幸福になるために、その人はどうする必要がありますか？

私は＿＿＿＿＿に＿＿＿＿＿＿＿＿＿＿＿＿＿＿＿＿＿＿＿＿＿
（名前）

＿＿＿＿＿＿＿＿＿＿＿＿＿＿＿＿＿＿＿＿してもらう必要がある。

（例：私はポールに私の話を聞いてもらう必要がある。私はポールに私のことを尊重してもらう必要がある。）

5．その人のことをどう思いますか？　リストアップして下さい。

＿＿＿＿＿は＿＿＿＿＿＿＿＿＿＿＿＿＿＿＿＿＿＿＿＿＿＿＿
（名前）

＿＿＿＿＿＿＿＿＿＿＿＿＿＿＿＿＿＿＿＿＿＿＿＿＿＿＿＿＿＿

（例：ポールは不公平で、傲慢で、うるさく、不誠実だ。外れたことをし、自覚がない。）

6．その人との間で、二度と体験したくないことは、何ですか？

私は二度と＿＿＿＿＿＿＿＿＿＿＿＿＿＿＿＿＿＿＿＿＿＿＿＿

＿＿＿＿＿＿＿＿＿＿＿＿＿＿＿＿＿＿＿＿＿＿＿＿＿＿たくない。

（例：私は二度とポールから感謝されていないと感じたくない。私は二度と彼がタバコを吸って健康を害するのを見たくない。）

【ステップ2　探求する（4つの質問と置き換え）】

ワークシートに書いた答えを、4つの質問と置き換えを使って、掘り下げていきます。一番目の質問に対する答えについて、一緒に探求してみましょう。「ポール」を、自分が完全に許していない誰かの名前に置き換え、自分のワークとして取り組んでみてください。主に、「なぜなら」の後の文章に取り組んでいきます。

〈一番目の質問に対する答え〉

私はポールに対して怒っている。なぜなら彼は私の話を聞いてくれないから。

〔4つの質問〕

①それは本当でしょうか？

「ポールは私の話を聞いてくれない。それは本当でしょうか？」と自分に問いかけます。心を落ち着けて考えてください。真実を知りたいと思えば、答えは自然に出てきます。心に問いかけ、答えが浮かんでくるのを待ちましょう。

②その考えが本当であると、絶対言い切れますか？

この質問を次のような趣旨で探求してみてください。「ポールが私の話を聞いてくれないということが本当だと、絶対に確信できるか？」、「そもそも、誰かが自分の話を聞いているかどうか、本当にわかることがあるのか？」、「自分は、表面的には話を聞いていないように見えるときでも、実際には聞いていることがあるのではないか？」

③そう考えるとき、あなたはどのように反応しますか？

「ポールは私の話を聞いてくれない。そう考えるとき、自分はどう反応しているだろうか？自分は彼にどう接しているだろうか？」と考え、自分の反応についてリストアップします。例えば「にらむ」、「話をさえぎる」、「自分も注意を向けないようにして、仕返しする」、「早口になったり、声を張り上げたりすることで、無理やり聞かせようとする」などとなります。心の中を見つめながら、自分がそうした状況のとき、どのように自分自身を扱うか、どう感じるかをさらに書き出してください。「自分を閉ざす」、「孤立する」、「たくさん食べたり寝たりする」、「何日もテレビを見て過ごす」、「落ち込み、孤独になる」など。「ポールは私の話を聞いてくれない」という考えがもたらす影響すべてに注意を向けてください。

④その考えがなければ、あなたはどうなりますか？

「ポールは私の話を聞いてくれない」という考えが浮かんでこなければ、自分はどうなるでしょうか。目を閉じて、ポールが自分の話を聞いてくれない状態を思い浮かべます。そのとき、「ポールは私の話を聞いてくれない」という考えが浮かんできません。もしかしたら、自分の話を聞くべきだという考えすら、ないかもしれません。ゆっくり時間をかけて。何がわかりますか？　何が見えますか？　どんな感じがしますか？

〔置き換え〕

それでは、置き換えてみましょう。いろいろな置き換えがありますが、一例として、次のようになります。

〈原文〉「私はポールに対して怒っている。なぜなら彼は私の話を聞いてくれないから」

〈置き換えた文〉「私は私自身に対して怒っている。なぜなら私はポールの話を聞かないから」

この置き換えた文は、原文と同じくらい、あるいはそれ以上に、真実味をもっていないでしょうか？　ポールが話を聞いてくれないと考えているとき、あなたは彼の話を聞いていますか？　あなたが話を聞いていない他の例を探してみてください。自分を責めるのではなく、オープンに探求することが大切です。

もうひとつの置き換えは、「私は私自身に対して怒っている。なぜなら私は自分自身の話を聞かないから」となります。例えば、頭の中で自分の領域を離れ、ポールがすべきことを考えているとき、自分自身に耳を傾けているでしょうか？　ポールは私の話を聞くべきだと信じて疑わないとき、自分の人生が置き去りになっていないでしょうか？　ポールは私の話を聞くべきだと思っているとき、自分は彼に対してどういう話し方をしているか、聞いているでしょうか？

置き換えた文章についてしばらくふりかえった後、ワークシートの一番目の答えとして書いた他の文章についても、4つの質問をし、置き換えるというワークを行ってください。例えば、「私はポールに対して怒っている。なぜなら彼は私に感謝しないから」という文章です。そして、二番目から五番目の質問の回答におけるすべての文章についても同様に行っていきます。置き換えにはいくつかのパターンがありますが、12ページの図を参照してください。なお、六番目の文章については、置き換え方が異なりますので、後述します。

置き換えは、健康や平和、幸福のために、自分に処方する薬です。人に対して処方してきた薬を、自分自身に処方することができますか？

3. 自分自身の文章を使ってワークする

ワークについて、十分理解していただいたところで、いよいよ自分自身の文章で実践するときが来ました。まず、次ページからのワークシートに自分の考えを書き出すことから始めてください。ひとりの人物あるいはひとつの状況を選び、簡潔な文章を書きます。現時点において書いても、自分が五歳あるいは二五歳だったときの視点から書いても構いません。ただし前述したように、まだあなた自身のことは書かず、批判の矛先を外に向けてください。

［注　意］　書いているうちに、なぜか感情的になることがあるかもしれません。そういうときには、必ず内面にストーリーが存在しているのですが、それを見つけることが難しいときもあるでしょう。もし行き詰まってしまったら、第10章にある「ストーリーを見つけにくいとき」を参考にしてみてください。

それでは、1から6まで、自分が書いたそれぞれの文章について、4つの質問を投げかけ、置き換えをしていきましょう。このプロセスを通じて、自分が知っていると思っている以上の可能性に心を開きましょう。「初心の心」ほど、エキサイティングなものはありません。

ジャッジメント・ワークシート

あなたがまだ100%許していない誰かのこと（生きているかどうかを問わず）について、下記の空欄に簡潔に記入して下さい。自分の文章を検閲しないようにしましょう。その状況が今、起きているかのように、怒りや痛みをフルに味わうようにして下さい。この機会に、自分が誰かや何かについて裁いている考えを紙に表現してみましょう。

1．誰について怒りを感じたり、混乱したり、悲しかったり、失望しますか？　それはなぜですか？　あなたが好きではないのは、どんな点ですか？

※厳しく、辛辣に、子供っぽく書くことを忘れずに。

私は________に対して________________。なぜなら、________
（名前）

____

2．あなたはその人にどのように変わってほしいですか？　何をしてほしいですか？

私は________に______________________________
（名前）

____

3．その人がすべき（あるべき）こと、すべき（あるべき）でないことは何ですか？　考え（感じ）るべきこと、べきでないことは何ですか？　あなたは、どのようなアドバイスをしますか？

＿＿＿＿＿は＿＿＿＿＿＿＿＿＿＿すべきである／すべきでない。
（名前）
＿＿＿＿＿＿＿＿＿＿＿＿＿＿＿＿＿＿＿＿＿＿＿＿＿＿＿＿＿＿

4．あなたは幸福になるために、その人はどうする必要がありますか？

※今日はあなたの誕生日で、何でも好きなものを手に入れられると思ってみましょう。遠慮しないで！

私は＿＿＿＿＿に＿＿＿＿＿＿＿＿＿＿＿＿＿＿＿＿＿＿＿＿＿
（名前）
＿＿＿＿＿＿＿＿＿＿＿＿＿＿＿＿＿＿＿＿してもらう必要がある。

5．その人のことをどう思いますか？　リストアップしてください。

※理性的になろうとしたり、思いやりをもとうとしないで下さい。

＿＿＿＿＿は＿＿＿＿＿＿＿＿＿＿＿＿＿＿＿＿＿＿＿＿＿＿＿
（名前）
＿＿＿＿＿＿＿＿＿＿＿＿＿＿＿＿＿＿＿＿＿＿＿＿＿＿＿＿＿＿

6．その人との間で、二度と体験したくないことは、何ですか？

私は二度と＿＿＿＿＿＿＿＿＿＿＿＿＿＿＿＿＿＿＿＿＿＿＿＿＿
＿＿＿＿＿＿＿＿＿＿＿＿＿＿＿＿＿＿＿＿＿＿＿＿＿たくない。

探求することは、心の奥深くへと潜水するようなものです。問いを投げかけたら、しばらく待ちます。すると、答えの方があなたのところへやってきてくれます。私はそれを「心（ハート）と頭（マインド）の出会い」と呼んでいます。

ハートというのは、マインドの中の、より優しい性質をもっている部分であり、それが探求されたことがないために混乱を起こしている部分と出会うのです。頭（マインド）が真摯に問いかければ、心（ハート）は応えてくれます。自分自身や周囲の世界について、驚きの発見があるかもしれません。それはあなたの人生をも変える可能性があります。

それでは、1の質問に対する自分の回答について、次の4つの質問を投げかけてみてください。ここでは、各質問に答えるための注意点について述べます。

〔4つの質問〕

①それは本当でしょうか？

じっくり時間をかけて答えてください。ワークは、自分の心の奥底にある真実を見つけるためのものです。それは、自分がこれまで考えていたどんなこととも違うかもしれません。けれども答えが見つかったときには、確かにそうだとわかるでしょう。穏やかにこの質問と向き合い、心の内側のさらに深いところへ導いてもらいましょう。

答えに正解、不正解はありません。自分の中から出てくる答えを求めてください。他の人やこれまで教えられたものから得られるわけではありません。落ち着かない気分になるかもしれませんが、それは未知の部分に入っていくからです。心の中の深いところに降りていきながら、自分の中の真実が浮上し、問いに答えてくれるのを待ってください。探求しているときは、自分に優しくしましょう。そしてこの体験を十分に味わってください。

②その考えが本当であると、絶対言い切れますか？

この質問は、未知の世界に深く入っていって、自分が知っていると思っていることの水面下に潜んでいる答えを見つけるきっかけとなってくれます。私がこの未知の世界について何か言えるとしたら、大変なことの下に隠れているものは、よいものだということです。

答えが「はい」であれば、次の質問に進んで構いませんが、ここでいったん立ち止まり、元の文章（自分の考え）を書き直してもいいでしょう（文章の書き直し方については、第5章にある「質問1、2に困ったら」を参考にしてください）。書き直すことで、その考えについて自分が無意識にしていた解釈が明らかになります。多くの場合、心の痛みを起こしているのは、そうした隠れた解釈なのです。

③そう考えるとき、あなたはどのように反応しますか?

自分の反応についてリストアップしてください。そう考えるとき、自分自身や相手をどのように扱いますか? 何をしますか? 具体的に挙げてください。自分の行動をリストアップしましょう。そう考えるとき、相手に何と言いますか? リストアップしましょう。その考えを信じているとき、どういう生き方をしていますか? 自分の反応は、体のどの部分でどう感じられますか(うずく、熱いなど)? そう考えているとき、頭の中でどんな独り言をつぶやいていますか?

④その考えがなければ、あなたはどうなりますか?

目を閉じて、その考えがない自分を想像してください。相手が自分の目の前にいるのに、あるいは同じ状況なのに、その考えをもつ能力がなくなったと想像してください。何が見えますか? どんな感じがしますか? 状況はどう違ってきますか? その考えがない状態で人生を送るとしたら、どんな可能性があるか、リストアップしてください。例えば、その考えがない状態で、状況は変わらないとして、その人への接し方が変わりますか? 自分の中でもっと優しい気持ちになりますか?

〔置き換え〕

置き換えとは、元の文章を書き換えることです。前述した通り、置き換えは一通りではありません。まず、相手の名前を自分に書き換え、自分のことについて書いたようにしてみてください。つまり、「彼」や「彼女」となっている部分が、「私」になるわけです。「ポールは、私に思いやりをもつべきだ」は、「私は私に思いやりをもつべきだ」、「私は、ポールに思いやりをもつべきだ」となります。

また、一八〇度の置き換えというのもあります。元の文章の正反対の意味にしますが、次のようになります。「ポールは、私に思いやりをもつべきではない」。ポールは実際には私に思いやりがないのですから、この置き換えには真実味があります。これは道徳的に考えてどうかという問題ではなく、実際にどうかということなのです。

ひとつの文章について、三つから四つ、あるいはそれ以上の置き換えの文章を作ることができるかもしれません。もしくは、自分にとって真実味のある置き換えがひとつだけ見つかるかもしれません。

前述したように、ワークシートの六番目の質問の答えに関しては、置き換えのしかたが異なります。「二度と〜したくない」を、「〜しても構わない」あるいは「〜するのを楽しみにしている」に置き換えるのです。詳しくは、第5章にある「置き換え」を参考にしてください。

置き換えた文章が元の文章と比べて、同じくらいあるいはもっと真実味があるか、検討してみましょう。例えば、「私は私に思いやりをもつべきだ」という置き換えは、元の文章と同じくらい、いやそれ以上に真実味をもっていると言えます。というのも、「ポールは、私に思いやりをもつべきだ」と考えているとき、私は腹を立てて自分に多くのストレスを引き起こしているのですから。これは自分に対して思いやりのあることではありません。それに、もしも自分自身に思いやりをもっていたら、他人からの思いやりを待っている必要もありません。

また、「私は、ポールに思いやりをもつべきだ」という置き換えも、元の文章に比べ、少なくとも同じくらい真実味があります。「ポールは、私に思いやりをもつべきだ」と考えているときに、私はひどく腹を立てていて、ポールに対して冷たく接しています（特に心の中で）。ということは、ポールに求める行動を、自分から始めた方がいいでしょう。

さらに、「ポールは、私に思いやりをもつべきではない」という置き換えについては、元の文章よりも間違いなく真実味を含みます。ポールは、私に対して思いやりをもっていないのですから、思いやりをもつべきではありません。それが現実なのです。

それでは、ワークシートに書き出した残りの文章のひとつひとつについてすべて読んだ上で、4つの質問と置き換えを行ってください。初めてのワークがあまりうまくいかなかったように思えても、気にする必要はありません。その場合は、次の章に進むか、別の人についてワークシートを記入し、取り組んだ後で、もう一度試してみても結構です。

ワークが効果を発揮しているかどうか、思い悩まないでください。ワークのやり方について学び始めたばかりなのですから。次の章からの事例を読み進めていくうちに、もっと感覚をつかむことができるでしょう。自転車の練習と同じで、ふらつきながらやり続ければいいのです。また、ワークの効果に最初に気づくのは自分とは限らず、他人かもしれません。あなたは多くの人同様、今は効果を感じられなくても、すでに変化し始めていることにいずれ気づくかもしれません。ワークは、非常に微妙かつ深いものとなりうるのです。

第3章 実例を読む前に

すべての人は、あなた自身の鏡像である。
したがって、あなたの考えは、自分自身に返ってくる。

次の章から、ワークの実例をご紹介していきます。ファシリテーター（本書においては私）の助けを借りても、自分ひとりで実践しても、本質的に差はないことを理解することが重要です。あなた自身が、ずっと待ち望んできた「教えてくれる人」であり、「癒す人」なのです。本書は、自分でワークができるように構成されています。ファシリテーターの助けは必ずしも必要ではありませんが、非常に大きな助けとなることがあります。

この本に登場するケースは、過去一～二年に私が行ったワークの録音を書き起こしたものです。典型的なワークショップでは、参加者の中から数人の希望者がひとりずつ、聴衆を前に私と向き合って座り、あらかじめ記入してあったジャッジメント・ワークシートを読みます。そしてパワフルな4つの質問と置き換えのおかげで、自ら気づきに至るのです。

私は、これまでさまざまな国々を訪問しましたが、文化や言語が違っても目新しいストーリーは存在しないことを発見しました。ストーリーは、使い古されたものなのです。同じストレスとなる考えが、形を変え、時間を変えて、それぞれの人の頭の中に浮かんできます。だからこそ、誰かのワークは、あなたのワークともなるのです。

本書の事例を読みながら、自分自身がワークを行っているつもりになりましょう。誰かがファシリテーターの助けを借りてワークをしているケースでは、その人の答えをただ読むのではなく、自分だったらどういう答えになるだろうと心の内側を探ってみてください。できるだけ自分の問題として、心から感じてみましょう。いつかどこかで経験したことがないか、考えてみてください。探求のしかたを学ぶことができます。

実例を読んでいくと、私が4つの質問を必ずしも順序通りに尋ねていないことに気づかれるでしょう。ときどき順序を変えますし、質問を飛ばすこともあります。特定の質問に集中することもあれば、質問をすべて省略して、直接置き換えに入ることもあります。質問を基本的な順序で行うのは確かに効果的ですが、最終的には、順序通りに問いかける必要はないでしょう。**「それは本当でしょうか？」**で始める必要はなく、どの質問から始めても結構です。直感的にいいと思うのであれば、**「その考えがなければ、あなたはどうなりますか？」**という質問から始めることもできるのです。しばらくワークを実践していくと、内面の深いところから問いかけができるようになり、いずれの質問でもあなたを自由にしてくれます。けれどもそうなるまでは、もっとも深い変化を可能にする、４つの質問をしてから置き換えるという基本的形式に沿って行うことをぜひお勧めします。

私はときどき、三番目の質問、**「そう考えるとき、あなたはどのように反応しますか？」**を補助するものとして、次の二つの追加質問をすることがありますが、非常に役立つことがあります。「その考えを手放す理由は見当たりますか？」、「その考えをもち続けてもストレスにならない理由はありますか？」

また、適切だと感じたときには、苦しみの本当の原因でありながら、本人が自覚していないストーリーを見つけるお手伝いをすることもあります。そのためには、書き出した文章をもっと深く掘り下げて、背後に隠れている考えを探すことが必要かもしれません。もしくは、書き出した文章よりも、問いかけの中で口をついて出た、痛みを伴う文章に焦点を当てていくかもしれません（自分ひとりでワークを行っていて、痛みを伴う新たな考えや、より深いところにあったストーリーが出てきたら、書き留めて、それも問いかけを行うとよいでしょう）。ときには、質問に対する私自身の答えや個人的経験を話すこともあります。それはただ自分の体験から語っているのであって、こう生きるべきだと助言しているわけではありません。

前述したように、ワークは悪事を大目に見るものではありません。思いやりのなさを正当化しているように聞こえたとしたら、それは誤解です。本書において、愛や思いやりがなく、冷淡で不親切であるように聞こえる箇所があったら、深呼吸をして、あなたの中で湧き上がってくる気持ちを繊細に感じてみましょう。出てきた考えに対し、4つの質問を問いかけてみてください。

これから出てくる実例の中で、自分に当てはめるのが難しい場合には、人生上の重要な人物に置き換えてみてください。例えば本に出てくる人の例が友人についてであるならば、「友人」の代わりに、「夫」、「妻」、「恋人」、「母」、「父」、「上司」でも構いません。そうすることにより、自分のワークとなるのです。

私たちは、誰かについてワークをしているつもりでも、実際には、その人についての自分の「考え」について取り組んでいるのです。例えば、ワークシートではすべて母親について書いたのに、後になって、自分の娘との関係が劇的に改善されたことに気づくかもしれません。なぜなら無意識のうちに、娘についてまったく同じ考えに執着していたためです。

ワークは、心の内側に入り、すでにあった平和を体験することを可能にしてくれます。ずっと存在してきた不変で不動の平和に導いてくれるのです。それは本当の意味での帰郷《ホームカミング》です。

第4章

夫婦や家族について問いかける

神様、どうか私が人から愛や承認や感謝を求めることのないようにお助けください。

私たちが一番必要としている人生の師は、今、生活を共にしている人です。配偶者や親、子供は、もっとも明確に教えてくれる先生と言っていいでしょう。なぜなら、自分が見たくない真実を、見えるまで繰り返し示してくれるからです。

一九八六年に療養施設から戻ったとき、自分と世界に対する理解が劇的に変わっていた私は、夫や子供たちの行動に腹を立てることがなくなりました。探求心が自分の中に息づいていて、考えが浮かぶたびに、言葉にならない問いかけが起きていたからです。以前であれば怒りを感じていたポールの行動に対し、「〜すべきだ」という考えが浮かんでも、感謝の気持ちと笑いしか出てこなかったのです。夫はカーペットを泥まみれの靴のまま歩いているかもしれないし、あちこちに洋服を脱ぎっぱなしにしたり、顔を真っ赤にして、腕を振り上げ、わめいてくるかもしれません。「彼は〜すべきだ」という考えが浮かんだところで、結局、「私は〜すべきだ」に至るのを知っているため、自分を笑うしかありません。例えば、「彼は大声でわめくのをやめるべきだ」という考えは、泥まみれの靴のまま家に入ってくるのをやめるように言う前に、「私は頭の中で彼について大声でわめくのをやめるべきだ」ということになるのです。

ある日、私が目を閉じて居間のソファに腰掛けていると、夫がやってきて、そこにいた私に向かって、「なんてこった、ケイト、いったいどうしたっていうんだ」と怒鳴りつけてきたことがありました。それは個人攻撃ではなく、単純な質問であると受けとめ、私は自問しました。「ケイティ、いったいどうしたっていうのかしら?」

私の答えは、彼がわめいているのが現実なのに、そうすべきではないと考えた一瞬があったということです。それが自分の問題だったのです。それで私は言いました。「ねえ、あなた。私の問題は、あなたが大声でわめくべきではないと考えたことだったの。でも、それはいい感じがしなかった。尋ねてくれてありがとう。いい感じに戻ったわ」

療養所から戻って二、三ヶ月の間、子供たちは、母としての私に対する思いを正直に伝えてきました。以前はそういうことをしたら、叱っていたでしょう。長男のボビーは、私を十分信頼してくれて、「ママは、いつだって僕よりもロスの方を気に入っていたんだよね。ロスのことを一番愛していたんだね」と言ってきました。ロスというのは、私の次男です。私はこのときようやく、耳を傾ける母になっており、自問しました。「それは本当？　ボビーが言うことは正しいのかしら？」

私は真実を本当に知りたくて、子供たちの正直な意見を求めていました。それで真実を発見できたのです。だからこそ私は、「わかるわ。あなたの言う通り。お母さんはとても混乱していたの」と言うことができました。私はそのとき、ボビーと自分自身に対して、深い愛情を感じました。心の痛みを通過してきた私の師としてのボビーに、そして子供のひとりをより愛していると思い込んでいた自分に。

一九八六年以前に何らかの宗教を私が信仰していたか、よく聞かれます。私の答えはイエスですが、それは、「子供たちは自分の靴下を拾うべきだ」という信仰です。私は敬虔な信者だったのに、結局何の恩恵も得られませんでした。ところが、ワークが自分の中に息づくようになったある日、この信仰は真実ではないとわかりました。現実というのは、長い間来る日も来る日も、私がお説教しようが、文句を言おうが、お仕置きをしようが、靴下は床に脱ぎちらかされていたということなのですから。子供たちに靴下を拾ってほしければ、拾うべきなのは、この私だったのです。第一、子供たちは、床に散らかっている靴下に何の不満も感じていないのです。ということは、誰の問題かというと、私の問題です。私の人生を困難なものにしていたのは、靴下そのものではなく、それについての私の考えだったのです。

それでは、誰が解決する問題でしょうか？　やはり、私です。自分が正しいのと、自由であるのと、どちらがいいかということです。子供たちのことを考えなければ、自分で靴下を拾うのはわけもないことでした。そうすると、驚くべきことが起こり始めました。私は靴下を拾うのが好きだということに気づいたのです。誰のためでもない、自分のためにです。すべきことというよりも、靴下を拾ってすっきりとした床を見ることが楽しみになったのです。やがて私の楽しみに気がついた子供たちは、何も言わなくても自分たちで靴下を片づけるようになっていました。

親や配偶者、子供、友人たちは、自分について知りたくない側面にあなたが気づくまで、ありとあらゆる方法で試してきます。そのたびに、あなたを自由へと向かわせてくれるのです。

事例1　息子からの連絡を待っている母親

このケースでは、ある母親が、自分に対する息子の無視するような態度について、理解するようになります。自分の悲しみや憤り、罪悪感といったものは、息子とは何の関係もなく、自分自身の考えからきているのだと知ることで、自分にとっても、彼にとっても、変化の可能性が開かれます。幸せになるのに、子供が変わるのを待つ必要はありません。自分にとって好ましくない状況こそ、求めてきた自分自身への入口なのだということに気づくことさえあるかもしれません。

エリザベス　「まず記入したワークシートを読み上げる」「『私は、クリストファーに怒っている。なぜなら、彼は連絡してこなくなったし、家族に会わせてくれないから。私は悲しい。なぜなら、彼が私に話をしようとしないから』」

ケイティ　「その調子で続けてください」

エリザベス　「『私は、クリストファーからの連絡がときどきほしい。妻や子供たちにも会いにくるように私を誘ってほしい。彼は、妻に対して毅然とした態度で、母親を除《の》け者にしたくないことを伝えるべきだ。息子は、私を非難するのをやめるべきだ。私はクリストファーに、私を、そして私の生き方を受け入れてもらう必要がある。私がベストを尽くしたことを彼に理解してもらう必要がある。クリストファーは臆病で、怒りっぽく、傲慢で、頑固だ。私は、彼が私を拒絶しているとか、もう連絡してこないという思いを二度と味わいたくない』」

ケイティ　「いいでしょう。それでは、挙げられたいくつかの考えについて、問いかけをしていきます。つまりどういう考えがあるかを見ていき、4つの質問をし、置き換えていくのです。何らかの理解が得られるか、やってみましょう。それでは始めます。もう一度、最初の文章を読んでください」

エリザベス　「『私は、クリストファーに怒っている。なぜなら、彼は連絡してこなくなったし、家族に会わせてくれないから』」

ケイティ　「**それは本当でしょうか？**」〔長い沈黙〕　ワークの質問には、ひっかけはないので、イエスかノーで答えていただければいいですよ。どちらの答えがいいということもありません。ただ自分の内面を見つめて、何が本当かを見ていくものですから。そしてさらにその奥に入っていくことができるかもしれません。そしてさらに奥へ。『彼は連絡してこないし、家族に会わせてくれない』——**それは本当でしょうか？**」

エリザベス　「ええと、ときどきです」

ケイティ　「いいですね。『ときどき』という答えの方が正直です。彼がときどき誘ってくれることを打ち明けてくれたんですから。『彼の家族に会わせてくれない』——**それは本当でしょうか？**　この答えは、明らかに『ノー』ですね」

エリザベス　「そうなりますね」

ケイティ　「それでは、**そう考えるとき**（『彼の家族に会わせてくれない』と考えるとき）、**あなたはどのように反応しますか？**」

エリザベス　「すっかり気が張り詰めて、電話が鳴るたびに動揺します」

ケイティ　「『彼の家族に会わせてくれない』という考えを手放した方がいい理由は見当たりますか？　手放しなさいと言っているのではなく、ただ現実と異なる偽りの考えを手放した方がいい理由は見当たるかと聞いているだけです」

エリザベス　「はい」

ケイティ　「このストーリーをもち続けることが平和につながる理由はありますか？　つまり、ストレスにならない理由という意味です」

エリザベス　［長い沈黙の後］「見つかりません」

ケイティ　「では、『私は息子からの連絡がほしい』という考えに取り組んでみましょう。私自身のことになりますが、これまで息子たちに連絡してほしいと思ったことはありません。というのは、彼らが生きたいように生きてほしいから。連絡したいと思う人に連絡してほしいんです。実際は私に頻繁に連絡してくれて、とてもうれしいのですが、かつては必ずしもそうではありませんでした。それでは聞きます。『私は息子からの連絡がほしい。そうしたいかどうかに関係なく、家族に会いに来るように私を誘ってほしい』という**考えがなければ、あなたはどうなりますか？**」

エリザベス　「私は、リラックスして人生を楽しめます」

ケイティ　「それに、息子さんに会っても会わなくても、遠くにいる感じがしなくて、心の中で彼を近くに感じるかもしれませんね。それでは、この最初の文章を**置き換え**てみましょう」

エリザベス　「私は自分に対して怒っているし、悲しい。なぜなら、自分に連絡しなくなったから」

ケイティ　「そうですね。あなたは頭の中では、息子さんの領域で生きてきました。つまり、息子はこう生きてほしいという夢の方を、自分自身よりも優先してきたんです。私も息子たちに愛情があります。でも息子たちが自分で人生を担っていく方が、私がそうするよりうまくいくはずです。息子たちが私に会う必要があるかどうかは、彼らが判断するのがベストです。私が息子たちに会いたければ、それを伝えます。息子の答えは、正直にイエスかノーを言う、それだけのこと。息子の答えがイエスならうれしい。ノーでもうれしい。私には失うものが何もありません。失うということは、あり得ないんです。それでは、別の置き換えが見つかりますか？」

エリザベス　「私は悲しい。なぜなら、私は私に話をしようとしないから」

ケイティ　「あなたはあなた自身と話をしようとしない。頭の中で、彼の領域にかかずらっているのね。そうすると、とても孤独を感じてしまう。自分自身のためにいることができない孤独感。では、二番目の文章を読んでください」

エリザベス　「『私は、クリストファーからの連絡がときどきほしい。妻や子供たちにも会いにくるように私を誘ってほしい』」

ケイティ　「『彼の家族に会いにくるように誘ってほしい』――**それは本当でしょうか？**　あなたが息子さんの家族と一緒にいたい理由は何でしょう？　その家族にしてほしいことや、言ってほしいことがあるの？」

エリザベス　「私が本当に望んでいるのは、息子の家族が私を受け入れることです」

ケイティ　「それを**置き換え**てください」

エリザベス　「私が本当に望んでいるのは、私が私自身を受け入れることです」

ケイティ　「自分が自分に与えられるものを、なぜ息子さんの家族に肩代わりさせようとするんでしょう？」

エリザベス　「私が本当に望んでいるのは、私が息子の家族とその生き方を受け入れることです」

ケイティ　「その通り。あなたがその場に一緒にいてもいなくてもね［エリザベスが笑い出す］。あなたにはできるはず。なぜなら、息子さんの家族があなたを受け入れることは簡単だと考えていたんですから。ということは、あなたは、そうする方法を知っているということです。『息子さんの家族があなたを誘ったら、あなたを受け入れる』——**その考えが本当であると、絶対言い切れますか？**」

エリザベス　「いいえ」

ケイティ　「**そう考えるとき**（『息子さんの家族があなたを誘ったら、あなたを受け入れる』と考えるとき）、**あなたはどのように反応しますか？**」

エリザベス　「とても嫌な感じです。頭痛はするし、肩がこわばります」

ケイティ　「あなたは息子さん家族に誘われて、受け入れてもらうことを望んでいるのね。そこから得られるものは、何ですか？」

エリザベス　「一緒にいれば、少しの間は何かが得られる気がしますけど、帰るときにはまた同じ考えに逆戻りです」

ケイティ　「息子さん家族を訪れると、何が得られるのですか？」

エリザベス　「ある種の満足感だと思います」

ケイティ　「わかりました。あなたは、息子さん家族が誘ってくれたというストーリーをつくって、自分を幸せにし、誘ってくれなかったストーリーをつくって、自分を悲しくさせているんです。結局、ストーリーの他には何も起きていません。それなのに、彼らがしたり、しなかったりすることが、あなたの感情を左右していると信じ込んでいます。実際は、探求しないままになっている自分の考えに惑わされ、あたかも息子さんの家族のせいであるかのように、幸せになったり、悲しくなったりを繰り返しているのです。『幸せなのは、あの人たちのおかげ。悲しいのはあの人たちのせい』というように。混乱していますね。次の文章を見ましょう」

エリザベス　「『彼は、妻に対して毅然とした態度で伝えるべきだ……』」

ケイティ　「**それは本当でしょうか？**　彼は実際にそうするの？」

エリザベス　「いいえ」

ケイティ　「**そう考えるとき、あなたはどのように反応しますか？**」

エリザベス　「とても嫌な感じです。つらくなります」

ケイティ　「それは、あなたにとっての真実ではないからです。『クリストファー、家庭内戦争を起こし、勝利して、私を家に招き入れなさい』なんてこと、自分の子供に求めていないはずですから。そして、『彼は臆病だ』という考えにつながりますね。まだ探求していないのですが、息子さんが奥さんに対して毅然とした態度をとらないように見えることは、実際には、勇気や愛からくることかもしれませんよ。『彼は、妻に対して毅然とした態度で伝えるべきだ』という考えを手放した方がいい理由は見当たりますか？」

エリザベス　「はい」

ケイティ　「そうですね。内面の争いは、人との争いに発展していきますからね。**その考え**（『彼は、妻に対して毅然とした態度で伝えるべきだ』）**がなければ、あなたはどうなりますか？**」

エリザベス　「あまり腹を立てずに済むと思います」

ケイティ　「そうですね。奥さんに対して毅然とした態度をとるべきだと考えている母親をもっているにもかかわらず、家族の平和のためにどうしたらいいかを心得ている息子さんは、勇気や愛情があるということすら、見えてくるかもしれません。あなたは、『彼は、妻に対して毅然とした態度で伝えるべきだ』と考えているとき、息子さんにどう接していますか？　臆病で、間違ったことをしているという視線を息子さんに向けていませんか？　それでは、次の文章を見てみましょう」

エリザベス　［笑いながら］「この調子で最後まで切り抜けられるかしら？」

ケイティ　［笑い返して］「切り抜けられないことを願っていますよ［聴衆から大きな笑い］。ワークは、自分がこういうものだと考えていた世界の終わりなんです。そして、あるがままの現実の美しさを受け入れる始まり。うれしいことに、すでに真実であることは、私があれこれ計画するよりも、はるかによいものなんです。私はもう頭の中で世界を支配しようとしないから、人生がとてもシンプルになりました。子供たちも友人たちもそのことをとてもありがたく思っています。では、次の文章に移りましょう」

エリザベス　「『息子は、私を非難するのをやめるべきだ』」

ケイティ　「『息子は、私を非難するのをやめるべきだ』――**それは本当でしょうか？**　これって、あなたは息子さんの思考を管理したいってことね。彼が誰を非難すべきかということさえも」

エリザベス　［笑いながら］「なんてこと！」

ケイティ　「あなたは息子さんの思考を完全に支配したいわけね。あなたは、彼にとって何が最善かを知っているし、彼が何を考えるべきかさえもわかっている。『クリストファー、私があなたに何を考えるべきかを言うまでは、何も考えちゃだめ。私が考えてほしいときにだけ考えなさい［聴衆からの笑い］。それから、あなたの奥さんの問題について考えましょう。ところで、私はあなたのことを愛してるのよ』［さらに笑いに包まれる］ってね」

エリザベス「ショックですけど、なんとなくわかっていました」

ケイティ「では、もう一度読んでください」

エリザベス「『息子は、私を非難するのをやめるべきだ』」

ケイティ「『彼は、私を非難している』――**それは本当でしょうか？**」

エリザベス「いいえ」

ケイティ「**そう考えるとき、あなたはどのように反応しますか？**」

エリザベス「あぁ、それはもう死ぬほどつらいです」

ケイティ「息子さんがあなたを非難する言葉として、最悪のことって何だと思います？［聴衆に向かって］皆さんの耳に痛い子供たちの言い分って何でしょう？」

エリザベス「よい母親じゃなかったとか、よい母親じゃないとかでしょうね」

ケイティ　「あなたにはそれが思い当たるの？　よい母親がすべきことで、あなたがしてこなかったことについて、何か感じるところがありますか？」

エリザベス　「ええ」

ケイティ　「もし、息子のひとりに、『あなたはよい母親じゃない』と非難されたら、私は正直に認めるでしょう。『あなたの言う通りだわ。世界中を飛び回っていて、あなたや孫たちと一緒にいられる時間はほとんどないしね。注意してくれてありがとう。どうしたらいいと思う？』って。息子たちは、私が自分で気づいていない可能性があることを教えてくれるんです。そして私は、彼らの言うことが正しいかどうか、自分の内面を見つめます。今までのところ、息子たちの意見はいつも正しいですね。ただ単純に、自分の内面の深いところにある真実に触れれば、わかります。もちろん、私についての彼らの考えを変えさせようと息子たちを攻撃し、自分は無知のままでいることもできますよ。けれども内面を見つめれば、自分を解放してくれる新しい真実を発見できます。だからこそ、すべての争いは、一枚の紙の上で探求できると私は言っているのです。問いかけが、内面にある答えに導いてくれます。ところで息子たちが、『あなたは素晴らしい母親だよ』と言ったとしても、やはり私は内面を見つめ、それもまた真実であることを発見するでしょう。息子たちのところへかけ寄り、『まぁ、ありがとう。本当にありがとう』と言って、それを証明するように生きていく必要はないんです。内面を見つめ、自分が素晴らしい母親であることを感じることができます。息子たちにおもねることで真実を薄める必要はありません。彼らと言葉を交わすことなく共にいて、ただ喜びの涙が自分の頬を伝っていくかもしれません。愛はとても大きなもので、その中では自己というものが消失します。愛は、あるがままのあなたであり、あなたのすべてを取り戻したいのです。非常にシンプルです。私の息子たち、娘、友人は、いつも正しいんです。私はそのことに気づくか、苦しむかのどちらかです。自分について人が言っていることのすべてが、私なんです。自己弁護する必要性に駆られたら、自分が気づけないところが出てきます。それでは、前の文章を**置き換え**てみましょう」

エリザベス　「私は、息子を非難するのをやめるべきだ」

ケイティ　「そうですね。それに取り組んでください。彼が取り組む必要はありません。この『非難するのをやめる』というのは、息子さんではなく、あなたが実践する哲学です。この哲学をもっていれば、あなたは自分のことでかなり忙しく、彼にかまっていられなくなるでしょう。そこから、人生が始まります。彼がいる場所ではなく、あなたが今いるところからね。次の文章を見てみましょう」

エリザベス　「『私はクリストファーに、私を、そして私の生き方を受け入れてもらう必要がある』」

ケイティ　「『自分の生き方をやめて、私の生き方を受け入れなさいよ、クリストファー』。これがあなたの本当に必要としていること？——**それは本当でしょうか？**」

エリザベス　「いいえ。本当ではありません」

ケイティ　「では、**置き換え**てみてください。『私は、私に〜する必要がある』という形に」

エリザベス　「私は、私に息子と息子の生き方を受け入れさせる必要がある。ずっと、気分がよくなりますね」

ケイティ　「そうです。息子さん自身の生き方なんです。彼には、素晴らしい家族がいるから、奥さんと争うような考えをもっているあなたを誘わないのね」

エリザベス　「うーん。もっともです」

ケイティ　「彼はとても賢明なようだけど」

エリザベス　「そうですね」

ケイティ　「彼に電話して、感謝するのもいいわよ。『私を誘わないでくれてありがとう。私はあなたにとって、あまり一緒にいたくない相手だったわ。それが今わかったの』って」

エリザベス　［笑いながら］「確かにそうね」

ケイティ　「それから、あなたが息子さんを愛していることと、無条件の愛を学んでいることも知らせるといいかもしれません。それでは、もうひとつの**置き換え**をしてみて」

エリザベス　「私は、私自身と私自身の生き方を受け入れる必要がある」

ケイティ　「そうです。彼のことは放っておいてください。あなたの生き方を受け入れるのは、あなた自身です。受け入れるのはとても簡単なはず。あなたは彼に同じことを期待したんですからね。それでは、次に行きましょう」

エリザベス　「『私がベストを尽くしたことを息子に理解してもらう必要がある』」

ケイティ　「**それは本当でしょうか？**」

エリザベス　「いいえ」

ケイティ　「あなたはこのおとぎ話を信じているとき、**どのように反応しますか？**」

エリザベス　「傷つき、怒りを覚えます。地獄にいるような気分です」

ケイティ　「自分が犠牲者であるという**ストーリーがなければ、あなたはどうなりますか？**それは、自分のやり方を通せない独裁者のストーリーです。その独裁者は、こう言うんです。『私がベストを尽くしたと言いなさい！』。おかしいでしょ？　この悲しいストーリーがなければ、あなたはどうなりますか？」

エリザベス　「私は、自由で、うれしくなります」

ケイティ　「それはとてもエキサイティングね。あなたは、彼の目にこう映ってほしかったという母親になれるわ。つまり、かつて自分のベストを尽くし、今、息子を愛している母親です。どのみち、あなたが本当はどういう人かということを息子さんがわかることはありません。それは不可能なこと。だから、彼を介することなく、あなたが今いる場所で幸せになり、自由になりましょう。そうすれば、あなたはとても愛すべき存在になるから、子供たちは自然に引きつけられるの。私がクリアな心でいれば、この世界に見るのは愛だけだから、子供たちは私を愛さざるを得ない。自分が世界に投影したものが、自分に返ってくるの。次の文章に移りましょう」

エリザベス　「『クリストファーは臆病だ』」

ケイティ　「**それは本当でしょうか？**　だって、息子さんが対峙しているのは、誰だと思います？　トラだわ。母トラ」［エリザベス、噴き出す］

エリザベス　「なるほど、母トラですか。本当にそうですね。息子は今まで、よくやってきましたね」

ケイティ　「そのことを息子さんに伝えるといいかもしれません。『彼は臆病だ』を**置き換えて**みて」

エリザベス　「私は、臆病だ」

ケイティ　「そうですね。あなたは、息子さんを自分の幸福のために利用している。でも、彼はそれに従おうとはしないというわけ。息子さんは、素晴らしい師匠と言えます。私たちは皆、完璧な師匠と暮らしているんです。他の文章を見ていきましょう。**置き換え**もしてください」

エリザベス　「彼は怒りっぽい。私は怒りっぽい。彼は傲慢だ。私は傲慢だ。彼は頑固だ。私は頑固だ」

ケイティ　「そうなりますね。私たちは混乱してきたんです。でも、それだけのこと。あちらこちらで、少し混乱したけど、深刻なことではないんです」

エリザベス　［泣きながら］「今まで長いこと、混乱を止めたいって願っていたんです」

ケイティ　「よくわかります。私たちは皆、それをずっと願ってきたんです。最後の文章に進みましょう」

エリザベス　「『私は、息子が私を拒絶しているという思いを二度と味わいたくない』」

ケイティ　「**置き換え**てみて。『私は、～しても構わない』という形に」

エリザベス　「私は、息子が私を拒絶しているという思いを抱いても構わない」

ケイティ　「息子さんがあなたを拒絶するたびに、まだ心の痛みを感じるなら、ワークが完了していないしるしです。息子さんが師匠なんです。だから彼は、あなたが理解するまで、拒絶し続けます。あなたの責任は、彼と自分を拒絶しないこと。問題があれば、問いかけをして自分を解放しましょう。最後に、『私は、～することを楽しみにしている』という形にしましょう」

エリザベス　「私は、息子が私を拒絶しているという思いを抱くことを楽しみにしている」

ケイティ　「心の痛みを感じるのは、悪いことではありません。痛みは、あなたが混乱していて、偽りの中にいることのシグナルだから。息子さんへの批判を書き出し、4つの質問を投げかけ、置き換えをしてみてください。どれだけ痛みが残っているか、わかるでしょう」

エリザベス　「わかりました」

ケイティ　「あなたが感じている問題を解決するのは、あなたです。母親と息子の間で、誰が害を及ぼしたかということではなく、混乱が起きているにすぎません。ワークを通じて、それを理解することができます」

事例2　不倫をした夫の気持ちを聞きたい妻

マリサがステージに上がり、私の前に座ったとき、動揺しているのは明らかでした。唇が震え、今にも涙があふれ出しそうな様子だったからです。ひどい扱いを受けていると考え、大きな苦しみの中にあっても、心の真実を知りたいと真摯に望む人であれば、ワークがいかにパワフルに働くか、おわかりいただけると思います。

マリサ　[記入したワークシートを読み上げる]「『私は、夫のデイヴィッドに怒っている。なぜなら、気持ちの整理に時間が必要だと言い続けているから。私はデイヴィッドに、何か感じていることがあるなら、表現してほしい。なぜなら、私は、質問するのに疲れてしまったから。私は、辛抱強く待つことはできない』」

ケイティ　「『夫というものは、自分の気持ちを表現すべきだ』――**それは本当でしょうか？**」

マリサ　「はい」

ケイティ　「それで、現実はどうでしょうか？」

マリサ　「えーと、基本的にはそうではありませんね」

ケイティ　「それでは逆に、夫が自分の気持ちを表現すべきではないということは、どうしたらわかるのかしら？　実際そうしていないわけだから、すべきではないんですよね

［聴衆とマリサ笑う］。つまり、『夫というものは、自分の気持ちを表現すべきだ』は、根拠がまったくないのに信じ込んでいるただの考えです。この偽りの考えを信じているとき、**あなたはどのように反応しますか？**　私が偽りと言ったのは、ご主人がそうしていないのは事実であり、『夫は自分の気持ちを表現すべきだ』というのは、本当のこととは言えないからです。だからといって、一〇分後あるいは一〇日後に、彼が気持ちを十分表現する可能性がないと言っているわけではありません。今の時点での現実としては、本当ではないと言っているだけなのです。『夫というものは、自分の気持ちを表現すべきだ』――**そう考えるとき、あなたはどのように反応しますか？**」

マリサ　「怒りを感じ、つらくなります」

ケイティ　「そうですね。それでは、夫は自分の気持ちを表現すべきだという考えを信じているのに、そうしてくれないとき、彼にどう接していますか？」

マリサ　「詮索している感じがします。要求しています」

ケイティ　「『感じがします』というのは、省きましょう。あなたは詮索し、要求している」

マリサ　「そんな！　なんてこと。でも、それはまさに私がしていることですね」

ケイティ　「詮索し、要求しているとき、どう感じますか？」

マリサ　「全然いい感じではないです」

ケイティ　「その考えを手放した方がいい理由は見当たりますか？　手放そうとしなくていいですよ。私の経験からすると、考えを手放すということはできないはず。そもそも、あなたがその考えを生み出したわけではないから。ですから私の質問は、『その考えを手放した方がいい理由は見当たりますか？』となります。ちなみに、質問3の『**そう考えるとき、あなたはどのように反応しますか？**』の答えの中に、ふさわしい理由を見つけることがよくあります。例えば、怒りや悲しみ、距離を置くといったストレスからくる反応が、考えを手放した方がいい理由になることがあります」

マリサ　「そうですね。理由が見当たります」

ケイティ　「『夫というものは、自分の気持ちを表現すべきだ』という考えを信じてもストレスにならない理由はありますか？」

マリサ　「ストレスにならない理由？」

ケイティ　「つまり、その考えを信じても、痛みやストレスを引き起こさない理由はありますかという意味です。ところで、結婚して何年になるの？」

マリサ　「一七年です」

ケイティ　「あなたによると、ご主人は一七年間、自分の気持ちを表現していないのね。『夫は、自分の気持ちを私に表現すべきだ』という考えを信じてもストレスにならない理由はありますか？　〔長い沈黙〕　理由を見つけるのに、しばらくかかるかもしれません」

マリサ　「ストレスにならない理由は見つかりません」

ケイティ　「もし、この偽りの考えを信じないとしたら、彼と一緒に住んでいる**あなたはどうなりますか？**」

マリサ　「もっと幸せです」

ケイティ　「そうすると、彼が問題なのではないということですね」

マリサ　「そうですね。詮索し、要求しているのは、この私ですから」

ケイティ　「あなたは、偽りの考えを信じているために、とてもつらい思いをしている。その考えを信じなければ、あなたは幸せで、それを信じていると、あなたは詮索し、要求する。ということは、ご主人が問題ということにはならないですね。あなたは、現実を違うものにしようとしていて、そこに混乱がある。私は現実を愛し、いつも頼りにしています。変化していくことも含めて、現実のありのままが好きです。それでは、あなたが彼にしてほしいことについての文章をもう一度読んでください」

マリサ　『私はデイヴィッドに、気持ちを表現してほしい』

ケイティ　**置き換え**てみましょう。『私は、私に……』

マリサ　「私は私に、気持ちを表現してほしい。でもこれは私がいつもしていることだわ！」

ケイティ　「そう、その通り。それはあなたのやり方であって、彼のではないんです」

マリサ　「あぁ、なるほど」

ケイティ　「あなたは、自分の気持ちを表現すべき人なの。なぜなら、実際にそうしているから。彼は、そうしていないのが現実だから、気持ちを表現すべきではありません。あなたは、詮索したり、要求したりして日々を過ごしながら、自分のやり方がすぐれているという嘘で、自分をごまかしている。詮索するのは、どんな気分？」

マリサ　「まったくいい気持ちがしませんね」

ケイティ　「あなたは、彼に原因があると思って、つらい思いをしています。彼のせいにしているんです」

マリサ　「その通りですね。おっしゃることはわかります」

ケイティ　「あなたは彼のせいだと思っていますが、ずっと誤解しているのです。それでは、次の文章へ進みましょう」

マリサ　「『私は、質問するのに疲れた。私は、辛抱強く待つことはできない』」

ケイティ　「『私は、辛抱強く待つことはできない』――**それは本当でしょうか？**」

マリサ　「はい」

ケイティ　「あなたは、実際に待っているの？」

マリサ　「そうだと思います」

ケイティ　「『思います』は、省きましょう」

マリサ　「私は待っています。その通りです」

ケイティ　「『私は、辛抱強く待つことはできない』――**それは本当でしょうか？**」

マリサ　「はい」

ケイティ　「それで、あなたは実際に今、待っているの？」

マリサ　「はい。どうしたら待つことをやめられるのか、わからないんです」

ケイティ　「それでは、『私は、辛抱強く待つことはできない』――**それは本当でしょうか？**

［長い沈黙］　あなたは実際には待っているんですよ！　待っているんです。あなたの口から聞きましたよ」

マリサ　「ああ、なるほど。はい」

ケイティ　「わかりました？」

マリサ　「はい」

ケイティ　「そうなの。あなたは辛抱強く待つことができないということはないんです。頑張っているのよ。一七年間も」

マリサ　「そうですね」

ケイティ　「それでは、『私は、辛抱強く待つことはできない』と**考えるとき、あなたはどのように反応しますか？**　その偽りを信じているとき、彼にどう接しますか？」

マリサ　「あまりいい感じで接しません。心を閉ざします。ときには彼に怒鳴ったり、泣いてもう別れると言ったりします。かなりひどいことも口にします」

ケイティ　「この偽りを信じてもストレスにならない理由はありますか？」

マリサ　「ありません」

ケイティ　「この偽りを信じなければ、あなたは家で**どうなりますか？**」

マリサ　「私は夫を愛しているという事実を楽しんで、それ以外のことに心をわずらわされることはないと思います」

ケイティ　「そうですね。今度彼と話すときに、こう言ってもいいかもしれません。『ねぇ、私が辛抱強いということは、あなたをとても愛しているのに違いないわ。私は今まで、自分をだましてきたのよ。私は、辛抱強く待つことができないってあなたに言ってきたけれど、それは本当ではないの』」

マリサ　「そうですね」

ケイティ　「これが、私のとても好きな『一貫性』ということ。内面を見つめるたびに、そこにあるもの。一貫性に根ざしていると、優しい気持ちになります。それでは、『私は、辛抱強く待つことはできない』——これと一八〇度反対の**置き換え**はどうなりますか？」

マリサ　「私は、辛抱強く待つことができる」

ケイティ　「そうね。この文章は元の文章と同じくらい、あるいはそれ以上の真実味があるのでは？」

マリサ　「より真実味があります。間違いなく」

ケイティ　「次の文章に進みましょう」

マリサ　「書いてしまったので、一応読みます。『デイヴィッドは、私が永遠に待っていると思うべきではない』［笑い］。もちろん、私はずっと待ってきたんです」

ケイティ　「それでは、『彼は、私が永遠に待っていると思うべきではない』——**それは本当でしょうか？**」

マリサ　「もちろん、本当ではありません」

ケイティ　「そうですね。彼は、あなたが待つだろうというあらゆる証拠をもっているんですから」

マリサ　［笑いながらうなずいて］「その通りです」

ケイティ　「**そう考えるとき**（『彼は、私が永遠に待っていると思うべきではない』と考えるとき）、**あなたはどのように反応しますか？**　私がとても好きなことは、かつて私たちを深い鬱《うつ》に追い込んでいた考えでも、いったん理解できれば、笑いに導いてくれるということなんです。これが問いかけのパワーです」

マリサ　「驚くべきことですね」

ケイティ　「後に残るのは、無条件の愛だけ」

マリサ　「そうですね」

ケイティ　「それはまさに明晰さからくるのです。『彼は、私が永遠に待っていると思うべきではない』という考えを信じているとき、**あなたはどのように反応しますか？**」

マリサ　「書き出したことを信じているとしたら、私は自分自身をごまかしていることになります」

ケイティ　「そうね、偽りを生きるのはとてもつらいことです。人間は、子供のように無邪気に信じ込むんです。世間の人も、あなたが我慢できないのはもっともだって言うでしょう」

マリサ　「私は今日まで、それを疑うことなく信じてきたんです」

ケイティ　「自分の内面を見つめれば、何が本当かが見えます。あなた自身以外の誰もあなたに苦しみを引き起こしているわけではないの」

マリサ　「そうですね。他人のせいにするのは、ずっと簡単ですよね」

ケイティ　「うーん、**それは本当でしょうか？**　もしかしたら、そうしない方が簡単かもしれませんよ。私たちを解放してくれるのは、真実です。私は、許さなければいけないものは何もないこと、問題を引き起こしているのは自分自身だということがわかったんです。ちょうど今あなたが発見しているようにね。それでは、四番目の文章を見てみましょう」

マリサ　「『私はデイヴィッドに、私を傷つけるようなことをしながら、傷つけたくないと言うのをやめてもらう必要がある』」

ケイティ　「『彼はあなたを傷つけたい』――**それは本当でしょうか？**」

マリサ　「いいえ。わかりません」

ケイティ　『『彼はあなたを傷つけたい』――内面を探り、本当かどうか、見てみてください」

マリサ　「どう答えていいか……。夫は傷つけたくないと言っていますけど」

ケイティ　「私だったら、彼を信じるけど、彼があなたを傷つけたいと思っている証拠があるのかしら？」

マリサ　「夫の行動です」

ケイティ　「『彼はあなたを傷つけたい』――**その考えが本当であると、絶対言い切れますか？**」

マリサ　「いいえ」

ケイティ　「そう信じるとき、**あなたはどのように反応しますか？**　彼にどう接しますか？」

マリサ　「彼に対する接し方はよくありません。基本的に彼に罪悪感を植えつけるんです」

ケイティ　「するとあなたは基本的に、彼を傷つけたいかのように行動しているわけね」

マリサ　「まぁ。なるほど……なるほど」

ケイティ　「真実は、あなたがご主人を傷つけたいということなのに、それを彼に投影し、彼があなたを傷つけたいんだと思ってしまうんです」

マリサ　「そんなに簡単なことなんですか？」

ケイティ　「ええ」

マリサ　「驚きです」

ケイティ　「もしも、自分の問題は誰かが引き起こしているんだと考えているとしたら、私は正気の沙汰ではないわね」

マリサ　「なるほど。自分の問題は自分で起こしているということ?」

ケイティ　「その通りです。全部の問題がそう。誰かが自分の問題を引き起こしていると考えるのは、あなたの誤解です。他の人の問題ではまったくありません。あなたの幸せは、あなたの責任。素晴らしいことです。一緒に暮らしている彼が、あなたを傷つけたがっていると思い込んでしまうと、どんな気持ちになりますか?」

マリサ　「ひどい気持ちになります」

ケイティ　「それでは、『彼はあなたを傷つけたい』という考えを信じてもストレスにならない理由はありますか?」

マリサ　「頭に浮かびません」

ケイティ　「もしも、その考えを信じずにご主人と暮らしているとしたら、**あなたはどうなりますか?**」

マリサ　「とても幸せです。たった今、それをはっきりと理解できました」

ケイティ　「『彼は私を傷つけたい』――**置き換え**てみてください」

マリサ　「私は、自分自身を傷つけたい。はい、わかります」

ケイティ　「それは、元の文章と同じくらい、あるいはそれ以上に本当ですか？」

マリサ　「もっと真実に近いと思います」

ケイティ　「私たちはそんなものなんです。他のやり方を見つけるまでは、わからない。だからこそ今夜、ここに集まって一緒に発見しているんです。別の**置き換え**もやってみましょう。『彼は私を傷つけたい』を**置き換え**ると？」

マリサ　「私は彼を傷つけたい。はい、これも元の文章より、真実に近いですね」

ケイティ　「さらに違う置き換えがあります。『彼は私を傷つけたい』を一八〇度逆に**置き換え**ると？」

マリサ　「彼は私を傷つけたくない」

ケイティ　「彼は、本当のことを言っているのかもしれません。そういう可能性もありますよね。それでは戻りますが、『あなたはご主人を傷つけたい』――**それは本当でしょうか？**」

マリサ　「いいえ。そんなことはありません」

ケイティ　「そうです。私が経験上、言えることは、混乱さえしていなければ、誰も人を傷つけようとしないということです。混乱こそが、地球上にある唯一の苦しみです。ご主人を傷つけているとき、どんな気分ですか？」

マリサ　「決していい気分とは言えません」

ケイティ　「そうでしょうね。でもそう感じることは、幸いです。あなたが一貫性を失ったことを教えてくれるから。『私は彼を傷つけるべきではない』と頭では考えているのに、どうやってやめていいのかわからない。気がついていますか？」

マリサ　「はい」

ケイティ　「その状況は延々と続きます。ですから、私たちがここで経験しているような本質的自己への気づきを通じて、初めて行動を変えることができるんです。私もあなたと同じで、どう変えていいかわからなくて、子供たちと自分を傷つけていました。ところが何が自分にとって真実なのか、心の中に根づいた問いかけによって理解するうちに、行動が変わりました。すると、問題も終わってしまった。私が終わりにしたわけではありませんよ。問題が自然に終わってしまったんです。実に単純なことです。ところで、ご主人は何をしたの？　あなたは、彼の行動を見れば、自分を傷つけたいことがわかると言っていたけれど。その行動ってどんなこと？」

マリサ　「簡単に言うと、夫が不倫をしたことを五ヶ月前に告白したんです。夫と相手は今でもかなり惹かれ合っていて、話したり会ったりしています。そういった行動のことです」

ケイティ　「わかりました。それでは、ご主人とその女性をあなたの頭の中で思い浮かべてください。どう？　彼らが見えますか？」

マリサ　「ええ、何回も想像していますから」

ケイティ　「それでは、ご主人の顔を見てください。彼が相手の女性を見ている顔を見て。そして、少しの間、あなたのストーリーなしに、彼を見てください。彼の目、そして、顔。何が見えますか？」

マリサ　「その女性に対する愛情です。それと、幸せ。でも、彼らには一緒にいることができないという苦しみもあります。夫は彼女といたいんです」

ケイティ　「**それは本当でしょうか？　その考えが本当であると、絶対言い切れますか？**」

マリサ　「絶対というわけではないです。いいえ、言い切れません」

ケイティ　「現に彼が一緒にいるのは、誰なの？」

マリサ　「ああ、私です」

ケイティ　「それでは、『夫は、彼女と一緒にいたい』――**それは本当でしょうか？**」

マリサ　「うーん、彼は……」

ケイティ　「彼が今、一緒にいるのは、誰なの？」

マリサ　「わかりました。おっしゃる意味がわかります」

ケイティ　「それでは、『夫は、彼女と一緒にいたい』――**それは本当でしょうか？**　誰も彼を引きとめていません。自由なんです」

マリサ　「私もそのことは彼にはっきり伝えています」

ケイティ　「それでは、『夫は、彼女と一緒にいたい』と**考えるとき、あなたはどのように反応しますか？**」

マリサ　「傷つきます」

ケイティ　「ご主人は、あなたと暮らしているわけですよね？」

マリサ　「私は、今の現実を十分生きていないんだと思います。夫が私を愛していて、一緒にいてくれているという現実を生きていないんです」

ケイティ　「ご主人はあなたと暮らしているのに、あなたの頭の中では、ご主人は違う女性と暮らしている。つまり、誰もご主人と暮らしていないのよ！［マリサと聴衆、笑う］。素敵な男性がいるのに、誰も彼と一緒に暮らしていないということ！［マリサ、もっと笑う］。そして、あなたは彼に対し、自分と一緒に暮らしてほしいと思っている。いつからそうするつもり？　ご主人があなたと一緒に暮らしているのが真実なのに、『夫は、彼女と一緒にいたい』と信じ込んでいるとき、あなたはご主人にどう接していますか？」

マリサ　「いい感じではないです。夫を拒否しています」
ケイティ　「それなのに、彼が相手の女性といたい理由は何だろうと思ったりするわけね？」
マリサ　「そうなんです」
ケイティ　「事実として、ご主人はあなたと一緒に暮らしていて、『夫は、彼女と一緒にいたい』という考えを信じてもストレスにならない理由を挙げてください」
マリサ　「ストレスにならない理由？」
ケイティ　「あなたが、ご主人を家に帰ってこさせることはできません。彼は、帰りたいからそうしているんです。その考えを信じなければ、**あなたはどうなりますか？**」
マリサ　「大きく微笑んで」「問題が何もなくなります」
ケイティ　「『夫は、彼女と一緒にいたい』——**置き換え**てください」
マリサ　「夫は、私と一緒にいたい」
ケイティ　「そうね。この文章は元の文章と同じか、それ以上に真実味を含んでいるかもしれません」
マリサ　「はい」
ケイティ　「ご主人が幸せそうに見えると言っていましたよね」

マリサ「ええ」

ケイティ「それが、あなたの望んでいることではないの?」

マリサ「ああ、私は間違いなく夫の幸せを望んでいます。夫にもそれを伝えました。その代償が何であったとしても」

ケイティ「『私は彼の幸せを望んでいる』——**置き換え**てください」

マリサ「私は私の幸せを望んでいる」

ケイティ「そうね」

マリサ「とても望んでいます」

ケイティ「それこそが真実ではないかしら?」

マリサ「ええ」

ケイティ「あなたは、ご主人に幸せになってもらいたい。それで自分も幸せになる。でも彼を媒介せずに、今、幸せになりましょうよ。そうしたら、彼も幸せになる。幸せにならざるを得ないの。彼はあなたの鏡だから」

マリサ「笑いながら」「そうですね」

ケイティ「彼の幸福は、彼の責任です」

マリサ「確かに」

ケイティ　「あなたの幸せは、あなたの責任」

マリサ　「そうですね。わかります」

ケイティ　「自分以外の誰もあなたを幸せにしてくれない」

マリサ　「なんでそれが、こんなにも難しいのかわかりません」

ケイティ　「もしかしたら、あなたは自分をどう幸せにしたらいいのかわからず、自分を愛し、幸せにしてくれるのは、ご主人の仕事だと思っているのかもしれません。『私にはできないから、あなたがやって』という具合に」

マリサ　「人に頼んだ方が、簡単ですからね」

ケイティ　「そうでしょうか？　ご主人があなたを愛していることを証明するには、どうしたらいいと思う？　彼は、何をすればいいのかしら？」

マリサ　「何でしょうか。まったくわかりません」

ケイティ　「面白いですね。ご主人もたぶんわからないのよ［マリサと聴衆、笑う］。ただ家に帰ってきて、あなたの夫でいること以外は」

マリサ　「昨日だったら、彼女と二度と会わないことで、夫は私への愛を証明できると言えたし、私はそれで幸せになったのでしょうけど。今となっては、そう言えません」

ケイティ　「今のあなたには、現実がもう少しはっきりと見えていますからね。次の文章を見ていきましょう」

マリサ　「『私は夫をどう思っているか？』。どう言ったらいいのかしら。私は彼を愛しています」

ケイティ　「**置き換え**てみて」

マリサ　「私は私自身を愛している。そう思えるまでには、時間がかかりました」

ケイティ　「ご主人を愛しているときの自分って、好きじゃない？」

マリサ　「そんなふうに思ったことがないですけど、そうですね」

ケイティ　「次の文章に進みましょう」

マリサ　「『私の幸福が、私を愛してくれる人にかかっていると、二度と思いたくない』」

ケイティ　「『私は、～しても構わない』という形にして、もう一度読んでください」

マリサ　「私の幸福が、私を愛してくれる人にかかっていると思っても構わない」

ケイティ　「そうです。考えを信じて苦しむのなら、またご主人であれ、誰であれ、相手を裁く考えを書きとめ、4つの質問をし、置き換えて、自分を落ち着いた平和な状態に戻せばいいのです。痛みは、まだ探求すべきことが残っていることを教えてくれます。

つまり、愛に気づくことを妨げているものは何かを示してくれるのです。痛みは、そのためにあります。『私は、～することを楽しみにしている』という形にしてください」

マリサ「私の幸福が、私を愛してくれる人にかかっていると思うことを楽しみにしている」

ケイティ「そうです。心の痛みに耐えかね、健全な状態に戻る人もいますが、できる限り早く、そうなりたいんです。混乱したままでいる時間がもったいないですから。『ああ、夫が変わってくれたら、私はもっと幸せなのに』と考えてもいいんですよ。それについて紙に書き、問いかけをしてみましょう」

事例3　言うことを聞かない息子をもつ母親

次の事例では、母親であるサリーが、何世紀にもわたって子育ての常識とされていることを検証していきます。「子供は言われたことをすべきだ」、「子供は嘘をついてはいけない」、「親は何が最善かを知っている」といった考えが本当であると、あなたは**絶対言い切れますか？**

事例を読み進めながら、あなたが型にはめようとしたり、変えようとしてきた家族の誰かについて思い浮かべてください。あなたは、相手のためにやっているだけだと思っているかもしれませんが、愛情を感じる相手を操作しようとするのは、どんな感じでしょうか。あなたは、自分の言うことに従えば愛してあげるという条件つきの愛を伝えてはいませんか？　問いかけをすることで、別のもっとよい方法が見つかるかもしれません。

サリー　「私は、気分の落ち込みを何とか解決できないかと思っています」

ケイティ　「わかりました。その原因について見ていきましょう。つまり、あなたがどのような混乱した考えを信じ込むと、真実から離れ、それゆえに落ち込むかということです」

サリー　［記入したワークシートを読み上げる］「『無責任な息子にイライラする。息子は、宿題をやらない。息子は、私がこれまで八年間、毎日のように言っているにもかかわらず、家の手伝いをしてくれない。毎日、初めて言っているようなものだ』」

ケイティ　「よくわかりました。あなたもわかりますか？　あなたは、息子さんの人生にどれだけの影響を及ぼしているんでしょう。八年間も教育し続けているのに、効果がないんですね」

サリー　「おっしゃる通りです。でも私は何か言わずにはいられない性分で、息子に好きなようにさせるわけにはいかないんです。親として、子供の選択とその結果、そして将来どういう大人になっていくかに責任があると思うんです」

ケイティ　「問いかけは、真実を本当に知りたい人のものです。あなたは、本当に真実を知りたいですか？」

サリー　「はい」

ケイティ　「ワークの素晴らしい点は、これから探っていくのは、親としてのあなたの真実であり、世間にとっての真実ではないということです。『あなたは、自分の子供の選択に責任がある』――**それは本当でしょうか？**」

サリー　「［少し間を置いて］　えーと、いいえ。真実としては、私は、息子の行動をコントロールできていません。私には、まったくコントロールできないんです。でも、しなければとは感じています」

ケイティ　「あなたは、『私には、まったくコントロールできないんです』と言いました。それはあなたの性分に合っていないのね。何に対してもコントロールできないにもかかわらず、すべきだと思っている。そうした考え方の結果が、不安や欲求不満、落ち込みなのです」

サリー　「何ひとつコントロールできないと思うと、憂鬱になりますよね。そうしようとすることすら、無駄なんでしょうか。あまりにも欲求不満がたまり、息子の面倒を見るのも嫌だと思うこともあります。ときどき母親であることすら、嫌になるんです」

ケイティ　「あなたが、息子さんの面倒を見なければならないというのは、**本当でしょうか？**

誰があなたをそうさせるのかしら？」

サリー　「えーと、誰というわけではありません。自分です。うーん。たぶん私が息子の面倒を見なければならないというのは、本当のことではありません」

ケイティ　「『たぶん』は抜かしましょう」

サリー　「私が息子の面倒を見たいのだというのが、もっと真実に近いです。息子がしていることを好ましく思っていないときでも」

ケイティ　「あなたはたった今、素晴らしい真実を自分の中に発見しましたね。この真実が、あなたに大きな自由をもたらしてくれます。あなたはこれから二度と、息子さんの面倒を見なければいけないということはないんです。最初から、そうする必要がなかったのだから。ということは、彼はあなたに何の借りもないんです。あなたは、息子さんのためではなく、自分自身のためにやっているということがわかりましたね。自分が望むからそばにいるのだということをわかった上で、自分の生き方として、子供に尽くしたり、教えたりすることができます。あなたがそうするのは、単純に子供を愛しているからで、そうしているときの自分自身が好きだからなんです。つまり、子供には関係ないの。これが見返りを求めない、無条件の愛です。完全に自分のための行動だとしても、真実を信頼すればいいんです。自分を愛することには貪欲になるから、無制限に相手に尽くすことができます。だからこそ、ひとりの人を無条件に愛することは、すべての人を愛することになるのです。それでは、心の中を掘り下げて、あなたがまだ気づいていない答えを探していきましょう。『息子は宿題をやるべきだ』――**それは本当でしょうか？**」

サリー　「はい」

ケイティ　「『彼は宿題をやるべきだ』という**考えが本当であると、絶対言い切れますか？**」

サリー　「私立に行かせていますから、それは本当です」

ケイティ　「そうですか。『彼は宿題をすべきだ』という**考えが本当であると、絶対言い切れますか？**　実際に、息子さんは宿題をやっているの？」

サリー　「全体の八〇%といったところですね」

ケイティ　「それでは、『彼は宿題を一〇〇%やるべきだ』――**それは本当でしょうか？**　息子さんの過去八年間の現実はどうなんでしょう？」

サリー　「過去八年間の息子の現実はというと、約八〇%しか宿題をやらないということです。それでも私は満足して、ただ受け入れるべきなんですか？」

ケイティ　「あなたが受け入れようが受け入れまいが、問題ではありません。現実として、息子さんは約八〇%しか宿題をやっていないということなんです。なにも息子さんが明日一〇〇%宿題をやる可能性がないと言っているわけではありませんよ。現時点では、八〇%というのが現実。そしてあなたがただ受け入れるべきかどうかですが、えーと、八年ですよね［聴衆、笑う］。あなたは、現実に異を唱えてきたけど、いつも負けているんです。その結果、ストレスや欲求不満、憂鬱を抱えています。それでは、**置き換え**てみましょう」

サリー　「私は自分が宿題や家のことをしないとき、私にイラつく。これは本当です。私はそんなとき、自分に対して本当に腹が立ちます。今、わかりました。私は、自分が実際にしていることよりも多くのことを息子がするよう、期待しているんですね」

ケイティ　「息子さんが宿題や家のことをすべきだという考えが浮かんだら、自分に対して置き換えましょう。つまり、あなたは宿題や家のことを一〇〇%すべきだということになります。もしかして、八〇%しか宿題をしないことを息子さんがあなたから教わった可能性はないですか？　あるいは、あなたは五〇%しかしていないのに、息子さんは八〇%やっているのかもしれません。息子さんの方がお手本になるかもしれませんね」

サリー　「その通りですね。私自身が、一〇〇%のお手本ではなかったですね」

事例4　家族に自分のことを認めてもらいたい少年

ジャスティンがワークをするために私の前に座ったとき、自分が理解されていないという思いを抱えている、理想主義の一〇代の少年のように見えました。愛され、認められ、評価されること、あるいは何であれ、家族から必要としているものがあると思い込んでいる限り、自分自身の生き方を見つけるのは容易ではありません。自分と同じような見方を家族に（もちろん、彼らのためを思って）期待するときは、特にそうです。問いかけが進むにつれ、ジャスティンは心の中で家族と再びつながると共に、自分自身の道を大切に思えるようになりました。

ジャスティン　［記入したワークシートを読み上げる］「『僕は怒りを感じ、混乱し、悲しい。なぜなら、家族が僕のことを決めつけるから。僕を型にはめようとするから、腹が立つ。家族も知人も、自分の道が唯一のものだと考えているから、怒りを感じる。僕が規定路線に従い、彼らの思い通りの道を進むときに一番愛されるというのは悲しい』」

ケイティ　「そうですね。続けてください」

ジャスティン「『僕は、家族にありのままでいてほしいし、彼らの見方で僕の成長の度合いを判断して、僕への愛情や関心を限定するのはやめてほしい。僕なりに人生の真実を学んでいることを、家族に受け入れてほしい。自分なりの真実と拠《よ》りどころを見つけたのだから、僕を愛してほしい』」

ケイティ「それでは、最初の文章をもう一度読んでみてください」

ジャスティン「『僕は怒りを感じ、混乱し、悲しい。なぜなら、家族が僕のことを決めつけるから』」

ケイティ「そうですね。決めつけるというのは、親だけの仕事ではなくて、世界中の誰もがしている仕事なんです。決めつける以外のことってあるかしら。『あれは、空』――これも、決めつけること。それが私たちのしていることなんです。『親は、子供のことを決めつけるべきではない』――**それは本当でしょうか?** 実際にはどう? 決めつけているのかしら?」

ジャスティン「はい」

ケイティ「そうね。それは親の仕事ね。『親は、僕のことを決めつけるべきではない』と**考えるとき、あなたはどのように反応しますか?**」

ジャスティン「うーん、エネルギーがなくなりますね。なぜなら……よくわかんないけど、親に言われたことで同意できないこともあるし」

ケイティ　「問いかけに集中しましょう。自分の考えが、正しさを証明してくれる証拠探しに向かいたがるのに注意してください。それに気づいたら、ただ質問に戻りましょう。**そう考えるとき**（『親は、僕のことを決めつけるべきでない』と考えるとき）、**あなたはどのように反応しますか？**　無気力になる以外にはどう？」

ジャスティン　「前へ進めなくなって、恐れを感じます」

ケイティ　「『決めつけるのをやめてほしい』と思っているのに、親があなたを決めつけ続けているとき、どう接しますか？」

ジャスティン　「反抗的で、よそよそしくなります。これまでずっとそんな状態です」

ケイティ　「わかりました。それでは、いつの時代にもある現実に抵抗する、『親は、自分の子供のことを決めつけるべきではない』という考え方を手放した方がいい理由は見当たりますか？」

ジャスティン　「はい」

ケイティ　「それでは、このばかげた考え方をもち続けてもストレスにならない理由をひとつでいいから、挙げてください」

ジャスティン　「えーと、それは人生の土台となっている考え方だから。宗教を信仰するようなものです」

ケイティ「その理由は、あなたを穏やかにしてくれる？」

ジャスティン「いいえ。［しばらく間がある］　穏やかにしてくれる理由はないです」

ケイティ「これは、正気じゃない思い込みなの。人は、他人のことを決めつけるのをやめるべきですって？　あなたは、どこの惑星に住んでいると思っているの？　地球へようこそ。この惑星に来たなら、あなたは人のことを決めつけ、人はあなたのことを決めつける。そういうこと。いったん基本的なルールを理解できれば、暮らしやすい星ですよ。ところが、あなたの考え方は、実際に起きていることとは正反対なの。ばかげているわ。**その考えがなければ、あなたはどうなりますか？**　『親は、僕のことを決めつけるのをやめてほしい』というばかげた考えを思いつきさえしないとしたら、あなたはどうなるかを考えてみて」

ジャスティン「心が平和になります」

ケイティ「そうね。それを『分別がある』というの。これがあなたの内なる戦争の終わり。私は、現実を愛します。なぜ現実の方がいいかというと、現実だから。親が決めつける――これが現実。あなたは、それが真実だという証拠をこれまでの人生の中でいっぱいもっていますよね。それでは**置き換え**をして、どんな可能性があるかを見ていきましょう」

ジャスティン「僕は混乱し、悲しい。なぜなら、僕が僕のことを決めつけるから」

ケイティ「そうね。別の**置き換え**もやってみましょう」

ジャスティン「僕は混乱し、悲しい。なぜなら、僕が両親や家族のことを決めつけるから」

ケイティ「わかりました。こうするのはどうかしら？　あなたが、『自分のことを決めつける』と家族のことを決めつけるのをやめた時点で、彼らと『決めつけること』について話してみるの」

ジャスティン「確かにそうですね」

ケイティ「あなたが家族にやめてもらいたいことを、あなたがやめたときに家族と話せるようになるはずよ。時間はかかるかもしれないけど」

ジャスティン「僕に今、その準備ができているか、わからないです」

ケイティ「そうね。それでは、ワークシートの二番目をもう一度読んでください」

ジャスティン「『僕は、家族にありのままでいてほしいし、家族の見方で僕の成長の度合いを判断して、僕への愛情や関心を限定するのはやめてほしい』」

ケイティ「家族はすでにありのままなの。愛情や関心を限定したり、決めつける人たちなのよ。あなたによれば」

ケイティ　「そうですね。そう感じられるのがいいですよね。私の経験からしても」

ジャスティン　「素晴らしいです！　幸せです！」

ケイティ　「そう感じるはずよ。何が真実で、何が真実ではないかを自分自身に問いかけていなかったからなの。それでは、**その考えがなければ、**家族の前で**あなたはどうなりますか？**　現実に逆らっている考えを思いつきさえしないとしたら、どうなりますか？」

ジャスティン　「僕はしばらく、頭がおかしくなりそうでした」

ケイティ　「そうですよ。家族であり、愛情や関心を限定し、決めつけます。あなたの考え方は、大変なストレスになっていますね。それでは、このばかげた考えをもち続けてもストレスにならない理由を挙げてください」

ジャスティン　「家族なのに？」

ケイティ　「それも、彼らの仕事のうち」

ジャスティン　「ええと、僕への愛情や関心を限定する……」

ケイティ　「それが、あるがままということのようね。そうでなくなるまでは。それがあの人たちの仕事というわけ。犬はワンと吠え、猫はニャーと鳴き、親は決めつける。親が他に何をするって言ってましたっけ？」

ジャスティン　［笑いながら］「そうですね」

ジャスティン　「でも、僕が望むのは……」

ケイティ　「『でも』といくら言ったところで、家族が自分たちの仕事をするのに変わりはありません」

ジャスティン　「そうですね」

ケイティ　「現実というものは、あなたの意見や選択や許可を待ってくれません。現実はあるがままで、するがままだから、あなたの同意を得るまで待つということはないんです。だから闘っても、いつも負けてしまう。**置き換え**をして、可能性を探りましょう。『僕は、僕に……』」

ジャスティン　「僕は、僕にありのままでいてほしいし、僕の見方で僕の成長の度合いを判断して、僕への愛情や関心を限定するのはやめてほしい。これを受け入れるのは、難しいなぁ」

ケイティ　「でも、あなたは長い間、親がこれと同じことを受け入れるべきだと思っていたんですよね［聴衆、笑う］。だから少しの間、静かにその考えを受けとめてみて。私が強い言い方をしているのはわかっていますが、今、素晴らしい気づきが起きているんです。ストーリーがなければ、あなたの内面にずっと潜んでいた気づきが浮上する空間《スペース》が生まれます。別の**置き換え**をしてみてください。自分に優しくね。『僕は、僕に……』」

ジャスティン　［少し間があった後］「どんな文章にしていいのか、わからないです」

ケイティ　「それではもう一度、元の文章の通り、読んでください」

ジャスティン　「僕は、家族にありのままでいてほしいし……」

ケイティ　「『僕は、僕に……』に置き換えると……」

ジャスティン　「僕は、僕にありのままでいてほしいし……」

ケイティ　「『家族の』」

ジャスティン　「僕は、僕にありのままでいてほしいし、家族の見方で僕の成長の度合いを判断して、僕への愛情や関心を限定するのはやめてほしい。わぁ！　これはすごいな」

ケイティ　「そう、家族に望んだ生き方をあなた自身が体現するんです」

ジャスティン　「でも、家族の見方を手放せないんです。それが不安の種なんです」

ケイティ　「そういうものなんです。その不安について話してください。どんなこと？」

ジャスティン　「僕にはきょうだいが一一人いるんですけど、全員が、『お前は正しいことをしていない』って言うんです」

ケイティ　「あなたのきょうだいの言っていることは、正しいかもしれませんよ。でも、あなたは自分らしく生きる必要があるんです。あなたにとって、何が真実か、知ることができるように、一一人、いえ、両親も含めると一三人もの人が挑戦してくる必要があるのね。あなたの道は、あなたのもの。きょうだいの道は、きょうだいのもの。次の文章を見ていきましょう」

ジャスティン 「『僕なりに人生の真実を学んでいることを、家族に受け入れてほしい』」

ケイティ 「家族は、受け入れたいものを受け入れるの。家族は、あなたに彼らの生き方を受け入れさせたことがある？　そんなことができる？　今までにご両親ときょうだい一人が、あなたを彼らの生き方に従わせたことがありますか？　『はい』か『いいえ』で答えて。家族はあなたに彼らの道を歩ませたことがある？」

ジャスティン 「いいえ」

ケイティ 「あなたが家族の道を受け入れられないのに、どうして家族があなたの道を受け入れられると思うの？」

ジャスティン 「確かにそうですね」

ケイティ 「よく考えて。家族一三人があなたを説得できないのに、あなたは一三人全員を説得できると思っているわけ？　戦争だったら、あなたは数で負けているわね」

ジャスティン 「確かに」

ケイティ　『僕は、家族に僕の生き方を受け入れてほしい』と考えているのに、彼らがそうしてくれないとき、**あなたはどのように反応しますか？**

ジャスティン　「つらいです」

ケイティ　「そうね。孤独？」

ジャスティン　「そうですね」

ケイティ　「世界中の誰であっても、どんなときにもあなたを受け入れる必要があるという考え方を手放した方がいい理由が見当たりますか？」

ジャスティン　「それは手放す必要があります」

ケイティ　「別に手放しなさいって言っているわけではないんです。ただ、手放した方がいい理由が見当たるかと聞いているだけ。考えを捨てることはできません。ただ、問いかけを通して、自分の考えに少し光を当てることで、真実だと思っていたことが実はそうではなかったと気づくのです。そして真実が見えたなら、偽りを再び真実にすることはできません。取り組むことができるひとつの例が、あなたの文章、『僕は、家族に僕の生き方を受け入れてほしい』です。これは、希望がもてる話ではありませんね。そう考えるとき、あなたは家族にどう接しますか？」

ジャスティン　「よそよそしくなります」

ケイティ　「『僕は、家族に僕の生き方を受け入れてほしい』という**考えがなければ、あなたは家族の中でどうなりますか？**」

ジャスティン　「外向的で、愛情深くなります」

ケイティ　「**置き換え**ましょう」

ジャスティン　「僕なりに人生の真実を学んでいることを、僕自身に受け入れてほしい」

ケイティ　「その通り。家族でなければ、誰が受け入れるの？　あなたですね。別の**置き換え**は見つかる？」

ジャスティン　「家族なりに人生の真実を学んでいることを、僕自身に受け入れてほしい」

ケイティ　「そう。家族はそうしているだけなのよ。あなたがしているようにね。私たちはみんなベストを尽くしているのよ。次の文章に移りましょう」

ジャスティン　「『僕なりの真実を見つけたのだから、家族は僕を愛してほしい』」

ケイティ　「あなたが誰を愛するかというのは、誰の領域ですか？」

ジャスティン　「僕自身です」

ケイティ　「それでは、家族が誰を愛するかは、誰の領域？」

ジャスティン　「家族です」

ケイティ　「あなたが、頭の中で家族の領域に入り込み、生き方を管理し、誰をどんな理由で愛すべきかを指図するとしたら、どんな気持ちになるでしょう？」

ジャスティン　「そこは、自分がいるべき領域ではないです」

ケイティ　「孤独な感じ？」

ジャスティン　「かなり」

ケイティ　「それでは、**置き換え**てみて」

ジャスティン　「家族なりの真実を見つけたのだから、僕は、僕に家族を愛してほしい」

ケイティ　「そう！　家族にとっての真実で、あなたのではないの。彼らなりの生き方というのはあまりにも素晴らしいので、一三人全員が合意できるんです。家族に言われて、とてもつらいのはどんなこと？　例を挙げてみて」

ジャスティン　「僕が人生の道に迷っているということ」

ケイティ　「あなたには、そういうところがあるの？」

ジャスティン　「もちろんです」

ケイティ　「そう、それでは、家族の言っていることは正しいのね。今度、家族に『お前は人生の道に迷っている』と言われたら、『僕もそれに気づいたんだ』って言えるわね」

ジャスティン　「はい」

ケイティ　「それでは、家族が口にしたひどいことで、真実かもしれないということは他にある？　私の場合は、誰かに何か言われたとき、それが真実であることをどうやってわかったかというと、自分がとっさに防衛的になったからなんです。自分の身を守り、頭の中で相手と戦争を始めたの。そして、その闘いにまつわるあらゆることに苦しみました。でも相手が言っていたことは、本当のことだった。真実を愛する者として、それがどんなものか、知りたくない？　それこそが、あなたが探し求めているものであることがよくあるのよ。家族に言われてつらいことは、他にどんなこと？」

ジャスティン　「僕の状況を説明しようとしているとき、家族に話をさえぎられる感じがするんです。それが、つらいです」

ケイティ　「もちろんだわ。あなたは人が耳を傾けるのは当然とでも思っているの？」

ジャスティン　「子供だったら、そうしてもらってもいいんじゃないですか？」

ケイティ　「そうしてもらってもいいということとは違うの。家族はただ聞いていないだけ。『うちには、一二人も子供がいるんだから、勘弁して！』というわけ。『家族は僕の話を聞くべきだ』と考えているのに、彼らが聞いていないとき、**あなたはどのように反応しますか？**」

ジャスティン　「孤独に感じます」

ケイティ「それでは、あなたがその考えを信じているとき、家族にどのように接しますか？」
ジャスティン「距離を置きます」
ケイティ「それだと、話を聞くのも大変ね」
ジャスティン「そうですね」
ケイティ「『僕は家族に話を聞いてもらいたい、だから離れよう』ってことね」
ジャスティン「なるほど」
ケイティ「少し、わかってきた？　**その考えがなければ**、素晴らしい家族の中で、**あなたはどうなりますか？**　もし、『僕は家族に話を聞いてもらいたい』という考えを思いつきさえしないとしたら」
ジャスティン「満足して、穏やかです」
ケイティ「家族の話を聞ける？」
ジャスティン「聞けます」
ケイティ「それでは**置き換え**をしましょう。家族ではなくて、あなたがどう生きるべきかを聞きたいの」
ジャスティン「自分なりの真実と拠りどころを見つけたのだから、僕は僕を愛してほしい」
ケイティ「では、それをしばらく味わってみて。他にも**置き換え**はありますか？」

ジャスティン　「自分たちなりの真実と拠りどころを見つけたのだから、僕は僕に家族を愛してほしい。そう、家族が幸せだと、とてもうれしいです。でも……いや、大丈夫です」

［ジャスティンと聴衆、笑う］

ケイティ　「気がつきましたね。とても大事なことです。あなたにとって何がより真実かに気づいたことで、ストーリーが止まってよかった。あなたは笑って現実にとどまってくれたのね。それでは、次の文章に進みましょう」

ジャスティン　「もうこの答えはわかっています」

ケイティ　「素晴らしい。現実とはどういうものか、いったんつかんだら、なるほどということになるのよ」

ジャスティン　「『僕は、家族が僕の音楽を尊重することを心から願っている』」

ケイティ　「どうしようもないわね」

ジャスティン　「そうですね」

ケイティ　「**置き換え**をしましょう」

ジャスティン　「僕は、僕自身が僕の音楽を尊重することを心から願っている」

ケイティ　「別の**置き換え**は？　『僕は、僕自身が……』」

ジャスティン　「僕は、僕自身が家族の音楽を尊重することを心から願っている？」
ケイティ　「家族の音楽とは、こういうこと。『私たちは、話を聞きたくないし、理解したくもない。私たちの道を歩みなさい。私たちにはうまくいっているんだから、お前にもうまくいくはず』。これが、家族の音楽。私たちは皆、それぞれの音楽をもっているんです。もしも誰かが私に、『私の道を歩みなさい。素晴らしいから』と言ったとしたら、その人が心から私を愛していて、自分にとって素晴らしいものを私にもあげたいという気持ちなのでしょう。必ずしも私の道になるとは限らないけど。ただし、私の道もその人の道も対等なんです。他の人の道がうまくいっていて、幸せなら、それは素晴らしいこと。道はさまざまなんです。他よりもすぐれた道というものはありません。遅かれ早かれ、私たちはそのことに気づきます。『あなたの道があなたを幸せにしてくれるなら、それは素晴らしいこと。それを私と分ち合いたいと思ってくれて、ありがとう』ということになります」
ジャスティン　「僕がいろいろなことに落ち着いたら、そのように対応できるでしょうね。単純に、『あなたが幸せで僕はうれしい、僕が幸せで僕はうれしい』と言える」
ケイティ　「『あなた自身のことは話さなくていいわ。私たちは気にしていないんだから。私たちが幸せであなたがうれしいというところだけ、聞きたいの。嫌でも、乗り越えなさい！』――つらいことですね。誰もあなたの話を聞きたいと思わない。少なくとも、あなたに話を聞いてもらいたいほどにはね。今はそういう状況。そのことを知っていれば、あなたの内なる戦争を終わらせることができる。それはかなりのパワーをもつものだから、今、話していることの中にある真実が、あなたの音楽性に影響を与えるでしょう。これが、あなたの望んでいることじゃない？」

ジャスティン 「その通りです。今までわからなかったなんて」

ケイティ 「私は、あなたが今日体験しているような現実に目覚めるまでに四〇年もかかったんです。そしていつも序の口にすぎないの。家に帰ったら、お母さんに少し話そうって言ってみるのもいいでしょう。『だめよ。時間がないわ』と言われることも覚悟の上で。いつだって、他にお母さんと一緒に過ごす方法が見つかるんです。もし、お母さんがおむつを替えていたら、『手伝おうか？』と言うのもいいし、ただお母さんの話を聞いたり、何をしているのかを見ているのもいいでしょう。お母さんの人生について話してもらうこともできます。あなた自身の話を差しはさまないで聞いていれば、お母さんが自分の信仰や生き方について話してくれて、表情が輝いてくるかもしれません。お母さんと過ごすには、たくさんの方法があります。あなたにとって、まったく新しい世界かもしれないけど、自分が本当に望んでいることが明確になると、未知の世界が広がるのです。自分以外の誰も、家族を引き離すことはできません。そのことに今日、気づいてよかったですね。救済すべき家族もいないし、改心すべき家族もいません。救済や改心が必要なのは、あなただけです」

ジャスティン　「それは納得できます」

ケイティ　「ワークシートの最後の文章を見ていきましょう」

ジャスティン　「『僕は話を聞いてもらえないままでは嫌だ』」

ケイティ　「『僕は……でも構わない』の形にして」

ジャスティン　「僕は、話を聞いてもらえないままでも構わない」

ケイティ　「『僕は……を楽しみにしている』の形で」

ジャスティン　「僕は、話を聞いてもらえないままなのを楽しみに……。いや、それは嫌だな……でも……」

ケイティ　「もしも、家族があなたの話を聞いてくれなくて、傷つくなら、またワークをすればいいのよ。『家族は、僕の話を聞くべきだ』――**それは本当でしょうか？**」

ジャスティン　「いいえ」

ケイティ　「『家族は、僕の話を聞くべきだ』と考えているのに、家族がそうしてくれないとき、

あなたはどのように反応しますか？」

ケイティ　「とても嫌な感じです」

ジャスティン　「それでは、『家族は、僕の話を聞くべきだ』という考え、というか偽りがなければ、**あなたはどうなりますか？」**

ケイティ　「うーん、単純な質問なのに、でも……幸せになります。平和です」

ジャスティン　「『家族は、僕の話を聞くべきだ』——**置き換え**ましょう」

ケイティ　「僕は、僕の話を聞くべきだ」

ジャスティン　「別の**置き換え**もできますか？」

ケイティ　「家族は、僕の話を聞くべきではない」

ジャスティン　「そう。家族が聞いてくれるまでは、聞くべきではないのよ。他にも**置き換え**があるでしょう？」

ケイティ　「僕は、家族の話を聞くべきだ」

ジャスティン　「そう、家族の歌を聞かなくては。もし、私が自分の子供たちに話を聞いてもらいたいと思ったら、それは正気の沙汰ではありません。彼らは、私が言うことだけ聞いて、耳に入ってくることだけを聞くでしょうね。『私が言うことだけ聞いて』と選別するのは、ちょっと変でしょう？『他のことは何ひとつ聞かないで。自分自身の考えもだめ。私があなたに聞いてほしいことだけ聞きなさい。私の話を聞くのよ』。まったく正気の沙汰じゃないわ。うまくいくわけないのよ」

ジャスティン　「ずいぶん無駄なエネルギーを使うんですね」

ケイティ　「話を聞いてもらおうとしてね。希望のない話。だから私は、耳に入ってくることだけ聞いてもらえばいいの。私は正気に戻り、あるがままの現実を愛しています。あなたは今夜、どこかへ行って、ひとりで静かに過ごすといいでしょう。そして家に戻ったとき、自分自身について発見したことを家族に話したくなるかもしれません。自分自身に聞かせるように、家族に話してごらんなさい。『家族は、僕の話を聞くべきだ』という考えに注意しながら。また、この考えを信じているときと、信じていないとき、自分がどうなるか、注意を向けましょう。家族が自分の話を聞いてくれることを期待しないで、ただ自分に聞かせるように話すのです」

第5章 問いかけを深める

現実はいつも、
私たちのストーリーよりも優しい。

本章では、問いかけのプロセスについて、理解を深めていきます。それぞれの質問と置き換えについて詳しく見ていきましょう。ねらいとしては、果てしない心の旅を始めたばかりのあなたに、恐れるものは何もないのだと気づいていただけるよう、サポートすることにあります。ワークの問いかけが、安全に導くことのできない場所はありません。

ワークはいつも、本来の私たちのあり方に立ち戻らせてくれます。ひとつのビリーフ（考え、思い込み、信念など、「信じていること」）について理解できるまで探求することにより、次のビリーフが浮上してきます。そのビリーフが解消したら、次のビリーフが浮上してきます。そうしているうちに、次のビリーフが現れるのを楽しみにしている自分に気づくでしょう。ある時点では、ワークの中で出会うあらゆる考えや気持ち、人物、状況が、まるで友人と会っているかのような親しさをもって感じられるかもしれません。最終的には、取り組むべき問題を探しても、ここ何年もなかったということに気づくかもしれません。

質問1「それは本当でしょうか？」の深め方

このように問いかけられると、自分が書いた文章は本当ではなかったと、すぐに気づく場合があります。答えが明らかに「いいえ」なら、質問3へ進んでください。そうでなければ、次のいくつかの方法で質問1をさらに検討してみてください。

【現実はどうでしょうか？】

質問1に対する答えが「はい」であるなら、「現実の状況はどうだろうか？」と自分に問いかけてみてください。

あなたが、「ポールはテレビをそんなに見るべきではない」という文章を書いたとしましょう。あなたの経験として、彼はたくさん見るのでしょうか？——そうです。現実としては、どうでしょうか？　ポールはほぼ毎日、六～一〇時間テレビを見ています。犬がワンと吠え、猫がニャーと鳴くように、ポールはテレビを見ています。いつもそうだと決まっているわけではないかもしれませんが、とりあえず今はそうなのです。

ですから、「ポールはテレビをそんなに見るべきではない」と考えることは、頭の中で現実に異を唱えていることになります。そんなことをしても、自分のためにはならず、ポールを変えることもできません。ただ自分にストレスを与えるだけです。ポールがテレビを一定の時間、視聴している現実をはっきり見ることができたなら、あなたの人生にいろいろな可能性が生まれます。

私にとっての現実というのは、本当であることとです。真実というのは、いかなるものであれ、目の前にあり、実際に起きていることです。好むと好まざるとにかかわらず、今、雨が降っているとしたら、「雨が降るべきではない」というのは単なる考えにすぎません。

現実というものの中には、「……すべきだ」、「……すべきではない」というのはありません。現実に対して、私たちが押しつけている考えにすぎないのです。

「……すべきだ」、「……すべきではない」という考えがなければ、私たちは現実をありのままに見ることができ、その結果、明確で効果的で健全な行動をとることができます。「現実はどうだろうか？」という問いは、意識をストーリーから現実の世界へと連れ戻してくれます。

【それは誰の領域ですか？】

前述したように、世界には三つの領域しかありません。私の領域、あなたの領域、神（私にとっては、現実が神）の領域です。あなたがワークシートに記入した考えを実際に考えているとき、誰の領域にいますか？　自分以外の誰か、あるいは何かが変わらなければならないと考えているとき、あなたは頭の中で、自分の領域から離れているのです。そのため、当然、疎外感や孤独感、ストレスを感じます。

ポールはテレビを前にして自分の人生を生き、あなたは頭の中で彼の人生を生きていて、自分の領域には誰もいません。すると、自分の寂しさや欲求不満をポールのせいにするのです。自分に問いかけてみてください。「自分がどのくらいテレビを見るかは、誰の領域か？」、「ポールがどのくらいテレビを見るかは、誰の領域か？」、「長期的に見て、ポールにとって何が最善かを私は本当に知っているのか？」、「ポールはテレビを見る時間を減らすべき――それは本当？　これは誰の領域のことか？」

質問2「その考えが本当であると、絶対言い切れますか？」の深め方

質問1の答えが「はい」であれば、質問2「その考えが本当であると、絶対言い切れますか？」と自分に問いかけてください。多くの場合、自分が書いた文章は本当のように思えますが、それも無理からぬこと。あなたの考えは、今までの人生で探求されることなくもち続けてきたビリーフに根ざしているのですから。

私が一九八六年に現実に目覚めてから、何度も気づいたことですが、人は会話の中で、あるいはメディアや本を通じて、次のようなことをよく言います。「世界には、十分な相互理解がない」、「暴力が多すぎる」、「お互いにもっと愛し合うべきだ」。私もかつては、このようなストーリーを信じていました。繊細で優しく、思いやりがあることに思えたのです。けれども、こうした考えを信じることがストレスを引き起こし、自分の中に平和の感覚を感じられないことに気づきました。

例えば、「人はもっと愛情深くなるべきだ」という話を耳にすると、自分の中に問いが浮かんでくるのです。「それが本当であると、絶対言い切れるのだろうか？　自分が本当にわかるのだろうか？　世界中がそう言ったとしても、本当にそうなのだろうか？」

自分自身に問いかけたところ、驚くべきことに、世界はあるがままの現実だということを悟

りました。それ以上でも、それ以下でもないのです。「こうあるべき」現実というものはありません。現実は、あらゆるストーリー以前に存在しています。ストーリーを探求しなければ、真実を知ることができません。

私は、「その考えが本当であると、絶対言い切れますか?」と、ありとあらゆる気になるストーリーについて問いかけるようになりました。そして、問いかけと同様、答えるプロセス自体が探求となったのです。私は、「いいえ」という答えに自分の根をおろすことができ、ひとり平和で自由な感じを味わいました。

誰もが、そしてどんな本も答えは「イエス」であるべきだと言うのに、「ノー」が正解ということはあるのでしょうか。真実は真実であり、誰にも指示されるものではありません。この内なる「ノー」の存在により、私が賛成しようが反対しようが、世界はいつもあるべき状態なのだと理解するようになりました。そして心から、現実というものを受け入れるようになりました。私は、無条件で世界を愛しているのです。

それでは、次の文章に取り組んでみましょう。「ポールが私に怒っているので、傷つく」というものです。あなたはすでに質問1に対し、次のように答えているかもしれません。「本当です。ポールは私に怒っています。顔が紅潮し、青筋を立てていますし、私に怒鳴りちらしています」。つまり、証拠があるわけです。

けれども、もう一度探求してみましょう。ポールが怒っているのは、本当にあなたに対してなのでしょうか？　他人の心の中で起こっていることを、あなたは本当にわかるのでしょうか？　表情やしぐさで、その人が本当に考えていることや感じていることがわかるものなのでしょうか？　あなたが恐れや怒りを感じたとき、たまたま近くにいる人に非難の矛先《ほこさき》を向けたことはありませんか？　相手が自分の気持ちを言ったとしても、それが本当だと絶対言い切れますか？　その人が自分の考えや気持ちについて明確であると言えますか？　いったい誰に対して何について怒っているのか、あなた自身、わからなくなったことはないですか？　以上のことを踏まえると、ポールがあなたに怒っているのは本当だと、確実に言えますか？

さらにもう一歩進めると、あなたが傷ついているように感じるのは、ポールが怒っているからだということは確かですか？　ポールの怒りが実際にあなたの傷を引き起こしているのでしょうか？　考え方の枠組みが変われば、ポールの怒りの爆発をまともに受けたとしても、自分への個人攻撃として受け取らないということは可能でしょうか？　ただ耳を傾け、優しく穏やかに、彼が話していることを何でも受けとめることができたとしたら？　ワークを始めてからの私の経験がそうでした。

それでは、「ポールは禁煙すべきだ」という文章については、どうでしょう。喫煙が肺ガンの原因になることは、誰もが知っています。当然、禁煙すべきだと思えますが、もっと掘り下げてみましょう。ポールは禁煙すべきだということをあなたは確信できますか？　禁煙すれば、彼の人生がよくなったり、長生きできると言えますか？　ポールの人生において何が最善か、あなたには本当にわかるのですか？　ポールが禁煙することが、長い目で見て、彼やあなたにとって最良のことだと確信していますか？

私は、最良とならないと言っているのではありません。「ポールは禁煙すべきだ」という考えに対し、「その考えが本当であると、絶対言い切れますか？」と尋ねているだけです。

答えがなお「はい」だとしても、構いません。本当であると絶対言い切れるのであれば、質問3へ進んでください。少し行き詰まったなら、次項の方法をお勧めします。

質問1、2に困ったら

質問1や2に対して、ただ「はい」と答えるのは心地よくないと感じることがあるかもしれません。また、行き詰まりを感じるかもしれません。

もっと掘り下げたいのに、自分が書いた文章や悩みとなっている考えに反論の余地がないように思えるとしたら、次のいくつかの方法を試してみてください。水面下にあるビリーフを表に出し、問いかけを深める新しい文章を見つけてくれます。

【それは、～ということです】

ワークを効果的に展開させていくきっかけとして、自分が書いた文章に、「それは、～ということです」という語句を追加するといいでしょう。あなたの苦しみは、紙に書いた内容よりも、その背後にある解釈が引き起こしているのかもしれません。この追加の語句により、あなたが事実をどのように解釈したかが、明らかになります。

例えば、あなたが次のように書いたとします。「私は父に対して怒っている。なぜなら、私を殴ったから」。それは本当でしょうか？　本当です。あなたは確かに怒っている。そしてあなたが子供だったとき、彼は確かに何度も殴った。

それでは、追加の語句を使って、自分の解釈を引き出してみましょう。

「私は父に対して怒っている。なぜなら、私を殴ったから。それは、～ということです」

この追加の文章の空白部分には、「それは、父が私を愛していなかったということです」が入るかもしれません。自分がどのような解釈をしていたか、理解できれば、それに対して問いかけを行うことができます。この新たな文章を紙に書き、4つの質問と置き換えをすべて行ってください。彼があなたを殴ったということは、あなたを愛していなかったということ――その考えが本当であると、絶対言い切れますか？　ストレスを引き起こしているのは、事実に対する自分の解釈であることに気づくかもしれません。

【そうなったら、何が得られると思いますか?】

もうひとつの方法としては、自分が書いた文章を読み、もし現実というものが、あなたに完全に協力的だとしたら、何が得られると思うかを自分に問いかけてみるのです。

例えばあなたの元の文章が、「ポールは、私を愛していると言うべきだ」というものだったとします。その場合、「そうなったら、何が得られると思いますか?」という問いかけへのあなたの答えは、「ポールが愛していると言ってくれれば、私はもっと安心できる」ということになるかもしれません。この新しい文章を書きとめ、問いかけを行っていきましょう。

【最悪の場合、何が起きるでしょうか?】

あなたが書いた文章が、何かを望んでいないということであれば、それを読み上げ、現実がもたらす最悪の結果について想像してみてください。もっとも恐れることを、紙の上に限界まで徹底的に表現してください。

例えば、「妻が私の元を去ったので、悲嘆にくれている」とあなたが書いたとします。「最悪の場合、何が起こるだろうか」と自分に問いかけましょう。現在抱えている状況により、起こりうるあらゆるひどいできごとをリストアップしてください。恐ろしい筋書きが思い浮かぶたびに、次に何が起こるだろうと想像してみてください。おびえている子供のように、思い切り、表現してください。

書き終わったら、リストの最初の文章から順に、４つの質問と置き換えを行っていきます。

【～すべき、すべきでない】

四番目の効果的な方法は、自分が書いた文章を、「～すべきである」、「～すべきでない」という形に変えてみることです。

例えばあなたの怒りが、現実はこうあるべきではないというビリーフからきているなら、次のように書き換えてみましょう。

「私は父に対して怒っている。なぜなら、私を殴ったから」

⇩

「父は、私を殴るべきではなかった」

この文章の方が、探求しやすいでしょう。元の文章、「父は私を殴った」に対して、「それは本当でしょうか？」と質問すると、答えは当然、「はい」になってしまうからです。一方、書き直した文章、「父は、私を殴るべきではなかった」の場合、それほど確実には言えません。私たちはオープンマインドで、別のより深い真実を発見していくことができるのです。

【証拠はどこにありますか？】

ときに、自分が書いた文章は絶対に本当だと確信していることがありますが、「証拠」に基づいていないことがあります。あなたが本当に真実を知りたいなら、証拠をすべて出し、それに対して問いかけをするとよいでしょう。例えば、次のようになります。

例　「ポールが私を愛していないから、私は悲しい」

〈ポールが私を愛していない証拠〉

①ときどき、黙って私の前を素通りしていく。

②私が部屋に入っても、顔を上げない。

③私にお構いなしに、興味があることをやり続ける。
④私のことを名前で呼ばない。
⑤ゴミ出しを頼んだのに、聞こえないふりをする。
⑥夕食の時間を言っていたのに、その時間に現れないことがある。
⑦話をしているときでも、彼には他にもっと大切なことがあるかのように、距離を感じる。

それぞれの「真実の証拠」に関し、４つの質問と置き換えすべてを使って、次のように探求していきます。

①ときどき、黙って私の前を素通りしていく。
だから、彼は私を愛していない。それは本当でしょうか？　その考えが本当であると、絶対言い切れますか？（彼の頭が他のことでいっぱいなだけという可能性はないのでしょうか？）

４つの質問の残りすべてと置き換えを行ってください。
②私が部屋に入っても、顔を上げない。
だから、彼は私を愛していない。それは本当でしょうか？　彼が私を愛していないということだと、絶対言い切れますか？　すべての質問と置き換えを行い、「証拠」を吟味してください。

この要領で、「証拠」のリストを全部吟味した後、最初の文章に戻りましょう。
「ポールが私を愛していないから、私は悲しい」――それは本当でしょうか？

＊＊＊「真実の証拠」エクササイズ＊＊＊

あなたのことを愛していない（と思われる）誰かについて、思い浮かべてください。現在、かかわっている人でも、過去の人でも、どちらでも結構です。そして、それが本当だという証拠をリストアップしてください。

リストのひとつひとつの文章を、4つの質問すべてと置き換えを使って、探求しましょう。

質問3「そう考えるとき、あなたはどのように反応しますか？」の深め方

この質問により、考えが生み出す因果関係が見えてきます。自分の考えを信じているときは、軽い不快感から恐れやパニックまで、程度の差こそあれ、落ち着かない気持ちになることがわかります。すでに質問1に対する答えから、あなたの考えは本当ではないと気づいているなら、偽りの考えというものがいかに強力か、わかるでしょう。

あなたの本性は真実そのものであるため、それに逆らえば、自分が自分でないように感じら

れるのです。ストレスの状態は、平和な状態ほど自然な感じがしません。

4つの質問が「私を発見」してからというもの、「人はもっと愛情深くなるべきだ」というような考えが、不安感を引き起こすことに気づきました。そうした考えが浮かぶ前は、平和だったのです。頭の中は静かで、穏やかでした。ストレスがなく、不快な身体反応も起きませんでした。それがストーリーのない、あるがままの私なのです。それから、静かな意識状態の中で、考えに執着することから生まれる感情に気づくようになりました。自分が考えを信じたら、不安や悲しみが生まれるのです。それはまた、「何かしなくては」という感覚や罪悪感につながっていきます。私は、人をどうしたらもっと愛情深くさせられるのか、まったくわかりませんでした。私自身、実際の自分以上に愛情深くなることはできなかったのですから。

「人はもっと愛情深くなるべきだ」という考えを信じたとき、自分がどう反応するかというと、明らかに不快な感覚を覚えたばかりでなく、その考えが本当であることを証明しようとするかのように、過去に自分が人からされた嫌なことのイメージが浮かんできました。例えば、私の最初の夫の、子供たちや自分に対する仕打ちなど。私は、実在しない世界に逃げ込んでいました。椅子に座って、お茶を飲みながら、頭の中で架空の過去のイメージを見ていたのです。私は、「苦しみの神話」の中の登場人物になっていました。苦悩のヒロインが、不当なことがあふれる世界に閉じ込められているのです。私の反応は、体がストレスにさいなまれ、あらゆるものを恐れの目から見、夢遊病者のように終わりのない悪夢に悩まされるというものでした。そこから救ってくれたのが、探求することだったのです。

私は、質問3が大好きです。なぜかと言うと、ひとたび自分自身で答えを見つけ、考えがもたらす因果関係がわかったなら、あらゆる苦しみが解きほぐされていくからです。最初はそのことに気づかないかもしれません。自分が進歩していることさえわからないかもしれません。けれども、気にする必要はありません。ただ、ワークをやり続けていれば、理解が深まっていくでしょう。あなたが取り組んだ考えが次に現れたとき、こんなことを自分は気にしていたんだ、と意外で笑ってしまうかもしれません。ストレスを感じないかもしれませんし、まったく気にならないかもしれません。

〈補助質問1　その考えを手放した方がいい理由は見当たりますか？（手放そうとする必要はありません）〉

この追加の質問は、ときどき私が質問3の補足として聞くもので、根本的な意識変化をもたらすことができます。次の補助質問2と共に、考えが生み出す因果関係を深く認識させてくれます。例えば、「その考えを手放した方がいい理由は見当たりますか？」、「はい。考えが現れる前は平和だったのに、現れてからは、緊張とストレスを感じるようになりました」というように。

問いかけというのは、あなたにとって何が真実かに気づくことであって、考えを手放すことではないということを理解しましょう。実際、考えを手放すのは不可能です。問いかけというのは、考えを排除するためのものではなく、そのプロセスにおいて生まれてくる気づきや自分に対する無条件の愛を通じて、あなたにとっての真実を知るためのものなのです。いったん真実が見えたなら、あなたが考えを手放すのではなく、考えの方が、あなたを手放してくれる感覚があります。

〈補助質問2　その考えをもち続けてもストレスにならない理由はありますか?〉

私がときどき尋ねる、もうひとつの補助質問です。たくさんの理由が思い浮かんだとしても、どれもストレスを引き起こし、傷つくものです。自分の苦しみに終止符を打とうと思わない限り、どれをとっても、平和で妥当なものはありません。もし、妥当と思える理由が見つかったら、自分に尋ねてみてください。その理由は、平和をもたらすか、あるいはストレスになるか。

自分が思いやりをもち、明確で効果的に行動できるのは、ストレスがあるときか、それともストレスから解放されたときか（私の経験では、すべてのストレスは、効果的に働きません）。

質問４「その考えがなければ、あなたはどうなりますか？」の深め方

この質問には、非常に大きなパワーがあります。ワークシートに書いた人物の前に自分が立っているところを想像してください。相手は、あなたが問題と考えた行動をしています。少しの間、目を閉じて深呼吸し、その考えを思いつくことができなければ自分はどうなるか、想像してみてください。同じ状況でも、その考えがなければ、あなたの人生は、どう違ってくるでしょうか。目を閉じたまま、ストーリーなしに相手のことを見てください。何が見えますか？ストーリーがなければ、相手に対し、どう感じますか？ ストーリーがあるのとないのとでは、どちらが好きですか？ どちらの方が、思いやりや平和を感じますか？

多くの人は、ストーリーのない人生を想像するのが難しいため、「わかりません」というのが一般的な答えですが、次のような回答もあります。「私は自由になります」、「心が平和になるでしょう」、「愛情が深まります」。また、「明確に状況を理解し、効果的な行動をとることができます」という答えもあります。ストーリーがなければ、私たちは明確で恐れなく行動でき

るようになるばかりか、相手と親しくなったり、話をよく聞いたりすることもできます。そして、幸せな人生を送ることができるのです。呼吸するのと同じくらい、自然に感謝の気持ちがあふれます。知るべきことは何もなく、私たちはすでに、必要なものを今、ここにすべてもっているということを知っている人にとっては、幸福になるのが自然な状態なのです。

質問4に対する答えは、自分のアイデンティティをもたないことを意味するかもしれません。これはとてもエキサイティングなことです。その瞬間の現実——椅子に座って、文章を書いている女性——のみが残るかもしれないのです。すると、過去や未来についての幻想がなくなることに、あなたは少し恐れをなし、次のように尋ねるかもしれません。「それでは、これからどうやって生きていけばいいのでしょうか。何をすればいいのでしょう。何も意味をもたなくなってしまいますよね」。私の答えは、こうです。「過去と未来がなければ、どうやって生きていったらいいかわからない——それは本当でしょうか？」、「どうしたらいいかわからない。何も意味をもたなくなる——それは本当でしょうか？」

あなたが恐れていることを紙に書き出し、こうした微妙で込み入った考えに対して、再び問いかけを行いましょう。問いかけが目指していることは、心を本来のいい状態に戻し、私たちは楽園にいるにもかかわらず、気づいてもいないのだと自分で理解することにあります。

「その考えがなければ、あなたはどうなりますか？」というのは、ワークの初心者にお勧めする質問4の基本形です。初心者でなければ、次の形も試してみてください。「その考えがなければ、あなたは誰ですか？　何ですか？」というものです。じっくり取り組んでみて、さまざまな考えやイメージが現れたり、消えたりするのに任せてください。それはとても心豊かな体験になるかもしれません。「平和です」という答えになることがよくありますが、それで私はさらに尋ねるのです。「その考えすらもなければ、あなたは何ですか？」

置き換え

置き換えというのは、ワークの中でも、とてもパワフルな部分です。誰かについて書いたことを自分に当てはめ、その内容が同じくらい、あるいはそれ以上に真実味をもっているか、吟味します。あなたが、自分の問題の原因は「外」にあり、誰かや何かのせいだと考えている限り、状況が改善する見込みはありません。あなたは永遠に被害者にとどまり、本来は平和の中にいられるにもかかわらず、苦しんでいるのです。ですから、自分に真実を取り戻し、自分を解放しましょう。質問と置き換えの組み合わせは、本質的自己に気づくための早道です。

例えば、あなたが次の文章を書いたとします。

例　「ポールは不親切だ」

置き換え「私は不親切だ」

自分をふりかえり、この置き換えた文章が自分の日常で当てはまると思える状況を見つけましょう。あなたはポール（適切な名前に変えてください）に不親切だったこともありますか？　まず、「ポールは不親切だ」と考えるとき、あなたがどのように反応するか、彼にどう接するかを検討しましょう。ポールを不親切だと感じる瞬間、自分が彼に対して不親切になっていませんか？　ポールが不親切だと信じ込んでいるときの感覚を味わってみてください。体がこわばり、心臓の鼓動が速まり、顔が紅潮しているかもしれません。この状況は、自分自身に優しいと言えるでしょうか？　批判的で、防衛的になっていないでしょうか？　心の中で、どう感じているでしょうか？　こうした反応は、探求されていない考えがあるためなのです。

例えば、ポールが侮辱してくるとき、あなたは頭の中でその場面を何度再現しますか？　今日、一度だけあなたを侮辱したポールと、彼のただ一回の侮辱を何度も頭の中で再現したあなたでは、どちらがより不親切でしょうか。そして、あなたの感情は、ポールの行動そのものの結果でしょうか？　それとも、彼の行動に対する自分自身の価値判断によるものでしょうか？

少しの間、静かに味わい、深めてください。その際には、自分自身の領域にとどまり、ポールの領域には踏み込まないように注意してください。

【三種類の置き換え】

置き換えには、三つの方法があります。誰かについて裁く文章を、(1)自分自身のことに置き換える、(2)主語を置き換える、(3)内容を反対に置き換える、です（順不同）。

置き換えの可能性は、いろいろあります。重要なことは、できるだけ多くの置き換え例を見つけることではなく、自分が知らないうちに執着している悪夢のような考えから解放してくれる文章を探し出すことです。そうした自分のもっとも深いところに入ってくる文章を見つけられるまで、元の文章を自由に置き換えてみてください。

次の例を使って、やってみましょう。

例「ポールは私に感謝すべきだ」

⇩

①自分自身に置き換える

「私は私に感謝すべきだ」（私に感謝するのはポールではなくて、私自身の務めだ）

②主語を置き換える

「私はポールに感謝すべきだ」（ポールが私に感謝するのは簡単と思うなら、私自身もポールに感謝できるはずでは？　言行一致できるか？）

③内容を反対に置き換える

「ポールは私に感謝すべきでない」（それがときどき起きる現実だ。ポールが実際に私に感謝しない限り、感謝すべきでない）

それぞれの置き換え文をじっくり味わってください。元の文章と同じくらい、あるいはそれ以上に真実味がないでしょうか。あなたの日常にどのように当てはまるか、見ていきましょう。やりにくい場合は、置き換え文に「ときどきは」という言葉を入れてみてください。ときどきはそうだということであれば、認められますか？　例えば、右記①の文章の場合、「私は私にときどきは感謝すべきだ」となります。

それでは、置き換え文が当てはまる三つの例を挙げてみましょう。例えば、自分自身に感謝すべき、あるいはポールに感謝すべき例を三つずつ挙げます。また、ポールがあなたに感謝すべきでない三つの例を挙げます。これで、置き換えのプロセスが完了します。

ここで念を押しますが、置き換えは必ず4つの質問をしてから、行ってください。最初に問いかけを行わず、近道をしてすぐに置き換えようとする誘惑に駆られるかもしれませんが、それでは効果が薄れてしまいます。心の準備となる問いかけを徹底して行わないまま、相手について裁いた内容がいきなり自分に向かってくると、辛辣《しんらつ》で恥ずかしく感じられる可能性があるのです。

4つの質問は、あなたが本当だと信じ込んでいた無知に終止符を打ちます。その上で最後に置き換えがあるのは、穏やかに感じられ、理にかなっています。4つの質問をまず行い、心の中に答えを求めることにより、置き換えが単なる頭のゲームではなく、発見となるのです。

ワークは、人を辱《はずかし》めるものでも、責めるものでもありません。また、あなたが間違っていると証明することでも、他人が正しいのだとあなたに信じ込ませることでもありません。置き換えの素晴らしい点は、あなたが外に見ていると考えているものはすべて、あなた自身の考えの投影であることを発見することにあります。すべては、あなた自身の考えの鏡像なのです。心の中に自分自身の答えを求めることを学び、オープンマインドで置き換えに取り組んだなら、自分でそのことを実感できます。あなたが裁いた相手の無垢な心を発見する中で、あなたも自分自身の無垢な心に気づくでしょう。

ときには、置き換えた内容をあなたの行動の中に見つけることができない場合があります。例えば、「ポールは禁煙すべきだ」の置き換えのひとつは、「私は禁煙すべきだ」となりますが、あなたはこれまでまったくタバコを吸ったことがないかもしれません。その場合は、自分が頭の中で同じようなことをしていないか、探求してみてください。ポールが喫煙により、家をタバコ臭くしているのを思い浮かべながら、何度も怒りと不満で頭の中を煙らせていませんか？

頭の中では、ポールよりも煙を吐いている頻度が多くないでしょうか？　そうすると、あなたの平和への処方箋は、頭の中でもくもくと煙を吐くのをやめ、ポールの喫煙に対する怒りを減らすことになります。

もうひとつのやり方としては、「タバコを吸う」に代わる言葉を探します。あなたはタバコを吸ったことがないかもしれませんが、ポールにとってのタバコに等しい何かを抱えていませんか？　食べ物、クレジットカード、対人関係など。あなた自身に置き換えると、「自分がもっといい状態になるために、クレジットカードを使うのをやめるべきだ」になるかもしれません。ポールに対するアドバイスをあなた自身が受け取りましょう。そのアドバイスは、あなた自身の領域でどう生きたらいいかを教えてくれます。

【置き換えを実践する】

心の真実に目覚めることは、行動するまで完了しません。置き換えた内容を実践しましょう。

例えば、あなたが人にずっと説教してきたことに気がついたら、その人たちのところへ行って、「償《つぐな》い」をします。彼らに求めていたことを自分自身が実行するのは難しいことを伝えるのです。また、ほしいものを得るため、あなたがどのように彼らのことを操作したり、だましたり、怒ったりしたか、また、セックスやお金、罪悪感をどう利用したかについても話しましょう。

私は、人に気前よくあげていたアドバイスを自分自身が必ずしも実行できませんでした。そのことに気づいたとき、自分が裁いた相手と同じ立場に立っていることがわかりました。自分の信条は、誰にとっても実践しやすいものではないことがわかったのです。また、私たちの誰もが、最善を尽くしているのだということも。ここから、謙虚に生きるということが始まるのです。

「相手に報告する」というのも、心の真実に目覚めるためのパワフルな方法です。現実に目覚めた後の一年間、私は自分がかつて価値判断を下していた人たちと会って、自分が行った置き換えと、その結果、気づいたことについて話しました。彼らに報告したのは、抱えていた問題に関する自分についての発見だけで、いかなる状況でも、相手の問題については言及しませんでした。そうしたのは、私の話を聞いてくれる、自分以外の証人が必要だったからに他なりません。

相手に話すことによって、私自身も得るものがあるのです。例えば、「彼は私に嘘をついた」の置き換えのひとつは、「私は彼に嘘をついた」になります。そこで、覚えている限りの彼についた嘘をリストアップして、相手に報告するのです。彼がついた嘘については、彼の領域のことですから、決して触れないようにします。この報告を行うのは、あくまでもあなた自身の心の解放のためです。謙虚になることこそが、真の休息を与えてくれます。

より速く、より自由になるには、相手に謝って心から償うのが素晴らしい近道であることを私は知りました。「償う」というのは、自分が間違っていたことを正すという意味です。そして私が「償いを生きる」と呼んでいるものは、さらに影響が大きくなります。それは、特定のできごとだけでなく、同様のあらゆる将来のできごとに及びます。私は問いかけを通じて、過去に誰かを傷つけていたことに気づいたとき、人を傷つけるのをやめました。それでもその後に誰かを傷つけてしまったら、私はその人にすぐ、なぜ自分がそうしたのか、何を失うことを恐れていたのか、相手から何を望んでいたのかを説明しました。そして相手との関係をいつも白紙からやり直しました。これは、解放された生き方のためのパワフルな方法です。

心からの謝罪は、過ちを回復し、対等で罪悪感のない立場から人生を再び始めるための方法です。自分自身のために相手に謝り、償うのです。すべては、自分自身の平和のためです。口先だけの聖者は世界中にたくさんいます。平和というものは、ストーリーをもたない、あるがままのあなたです。あなたはそれをただ体現することができますか？

それでは、置き換え文が自分に当てはまる例を書き出したリストに目を通し、何らかの形で自分が人を傷つけたと感じる文章に下線を引いてください。質問3（「そう考えるとき、あなたはどのように反応しますか？　相手にどう接していますか？」）に対する答えのリストを使えば、報告や謝罪に事欠かないかもしれません。人に償うことで、自分自身に償うことになります。あなたが相手に負担をかけて得た（と思う）ものと同じだけのものを、返してあげてください。

誠実に報告すると共に、「償いを生きる」ことにより、通常は不可能と思われるような親密な関係が可能となります。もしもあなたがワークシートで批判した人物がすでに亡くなっているとしたら、生きている他の人たちに対して、償ってください。自分自身のために、亡くなった方にしたであろうことを他の人にしてあげましょう。

ある男性は、自分の心の解放に熱心に取り組んでいました。彼は以前は薬物依存症で、多くの家に盗みに入った過去があります。彼がワークを始めてしばらくたった頃、自分が盗みに入った家と盗んだ物について、できるだけ正確に記憶をたどり、十数ヶ所にも及ぶリストを作成しました。自分にとって正しいことをせずにはいられず、刑務所に入れられることを覚悟した上で、それぞれの家を訪ねて回ったのです。

彼はアフリカ系アメリカ人（黒人）で、偏見についてのビリーフをもっていたので、あまり居心地のよくない場所もありました。けれどもひたすら訪ねて回り、自分が何者であるか、そして何を盗んだかを説明し、謝罪し、次のように言いました。「どうしたら、自分がやったことを償えるでしょうか。何でもします」。その結果、誰も警察を呼ばなかったといいます。「わかった。私の車を修理して」、「家にペンキを塗って」などと言われた彼は喜んで作業をし、終わったら、リストにチェックしていきました。ペンキの刷毛《はけ》を動かしながら、彼は思わず、「ああ、神様、神様、神様」と口にしていたといいます。

私にはロスという息子がいますが、長い間、ワークを実践し、彼もまた万引きをした「償い」に取り組んでいたことがあります。自分が迷惑をかけた店に弁償した他、私が勧めた実践法も気に入ってくれていますが、それは、人が気づかないように親切をするというものです。気づかれてしまったら、やり直しです。あるとき、彼は遊園地であまりお金をもっていなさそうな子供を見ていたかと思うと、財布から紙幣を取り出しました。そして、その子の前にかがみ込み、地面から拾ったふりをして、「おっと君、落としたよ」と言って手渡すと、振り返ることもなく去って行きました。

日常生活でこのような実践ができれば、それはあなた自身にとって、慈悲の行為となります。その結果は、奇跡的と言えるものです。

【質問6に対する置き換え】

ワークシートの質問6に対する置き換えは、他と少し異なります。「私は二度と〜したくない」を、「私は、〜しても構わない（〜してもよい）」、「私は、〜することを楽しみにしている」の形に変えるのです。

例えば、

「私は二度とポールと言い争いたくない」

置き換え1：「私はポールとまた言い争っても構わない」

置き換え2：「私はポールとまた言い争うことを楽しみにしている」

この置き換えは、人生のすべてを受け入れるものです。「私は、〜しても構わない」という文章を心から言うことは、率直で柔軟で創造的な心の状態を生み出します。心理的抵抗が和らぐことにより、自分の人生から特定の状況を排除すべく、無理に意志の力を使うよりも、気持ちが明るくなります。「私は、〜することを楽しみにしている」も、あなたが目の前の人生に心を開いていくよう、後押しします。

それでは具体例を挙げましょう。

「ポールが変わらないのなら、私は二度と一緒に住みたくない」

⇩

置き換え1：「ポールが変わらなくても、私は一緒に住んでもよい」

置き換え2：「ポールが変わらなくても、私は一緒に住むことを楽しみにしている」

頭の中でどうせ一緒に住んでいるのであれば、楽しみにした方がいいのではないでしょうか。（配偶者が亡くなって二〇年たつのに、いまだに厳しい見方をしている人たちにワークをしたことがあります）。あなたが実際にその人と住んでいるかどうかにかかわらず、おそらくまた同じ考えが浮かんでくるでしょう。その結果、ストレスや落ち込みを感じるかもしれませんが、楽しみにしてください。あなたが目覚めるときであることを思い出させてくれているのです。

こうした不快な気持ちは、あなたをワークに立ち戻らせてくれます。別に、ポールと一緒に生活しなければいけないわけではありません。「〜しても構わない、〜してもよい」という意欲により、現実に対して自分を閉ざさなくなり、人生のあらゆる可能性を開くのです。

あと二つの例を挙げておきましょう。

「私は二度とポールが健康を害するのを見たくない」
置き換え1：「私はポールが健康を害するのを見ても構わない」
置き換え2：「私はポールが健康を害することを楽しみにしている」

「私は二度とポールに無視されたくない」
置き換え1：「私はポールにまた無視されても構わない」
置き換え2：「私はポールにまた無視されることを楽しみにしている」

たとえ頭の中だけにせよ、同じ気持ちや状況がまた起きてくるかもしれないということを認めるのはよいことです。苦しみや不快感が、問いかけへの誘いであることに気づけば、実際に楽しみに感じるかもしれません。そうした感情は、あなたがまだ十分探求していないことを教えにきてくれた友人のようにさえ思えるかもしれません。

平和や調和を感じるようになるために、人や状況が変わるのを待つ必要はもうありません。ワークは、あなた自身の幸福をつくっていく、直接的な方法なのです。

第6章 仕事とお金について考え方を変える

誰も私を傷つけられない。
それは、私の仕事。

人生は、仕事やお金について考えることから逃れられないと思うかもしれません。けれども、思考がクリアであれば、仕事やお金が問題になることはないでしょう。変える必要があるのは、そしてそもそも変えることができるのは、私たちの思考だけです。

多くの人は、成功願望につき動かされています。けれども、成功とは何でしょう？　何を成し遂げたいのでしょうか。私たちが人生ですることは、たった三つしかありません。立つ、座る、そして横になることです。成功したとしても、私たちは立ち上がるまで、どこかに座っているか、横になっているかですし、再び座るまでは、立っているか横になっているかです。成功とは、概念であり幻想です。四〇〇〇円の椅子より、四〇万円の椅子を欲したとしても、座ることに変わりありません。ストーリーがなければ、私たちは何をしていたとしても成功しているのです。

仕事に関連したワークをすると、大きな効果を及ぼします。私が企業でワークを行う際は、社員全員が互いを「裁く」ように勧めることがあります。これは実は、上司と部下が、ずっと望んできたことなのです。すなわち、相手の視点から、自分がどのように見られているかを知りたいのです。互いを裁いた後は、全員で4つの質問と置き換えを行います。その結果、社員全員の考え方が驚くほど明確になり、誠実さや責任感が増します。そうなると当然ながら、以前よりも幸せで、生産性が高くなるのです。

以前、ある会社の重役とワークをしたことがあります。

重役　「私のアシスタントは、もう一〇年も働いてくれているんだけど、仕事ぶりはどうも感心しないんです。でも、彼女には子供が五人もいるからなぁ」

ケイティ　「わかりました。子供がたくさんいれば、仕事の出来不出来にかかわらず働かせてくれる会社だと、他の社員全員に言っているようなものですね」

重役　「なかなか首にはできないんですよ」

ケイティ　「お気持ちはわかります。それでは、適任者に代わってもらい、母親を必要としている五人の子供のところへ彼女を返し、お給料だけ送ったらいかがですか？　その方が、今なさっているやり方よりも正直ですよ。本当のことを隠していると、高くつきますから」

そして、その重役が自分のワークシートをアシスタントの前で読み上げたとき、彼女は自分の仕事ぶりについて書かれたその内容すべてを認めました。それほど明白だったのです。私は彼女に、「何か提案はある？　もし、あなたが自分の部下だったら、どうします？」と尋ねました。人は、何が起きているか気づいたときには、自分から辞めるものです。実際、それが彼女のとった行動でした。その後、彼女は自宅に近い別の会社で同じような仕事を見つけて、よきアシスタントとなり、よき母にもなることができたのです。

その重役は、アシスタントに対して「忠実」でなければいけないという思い込みを探求したことがなかったことに気づきました。現実には、アシスタントも彼と同じくらい、その状況に居心地の悪さを感じていたのでした。

仕事とお金の問題が、結局は思考の問題ではなかったというケースを、私は今まで見たことがありません。私もかつて、幸せになるにはお金が必要だと信じていました。ところがお金をたくさん手にしていたときでさえ、何か悪いことが起こって、失ってしまうのではないかという恐れにさいなまれ、調子を崩すことがよくありました。どれだけのお金と引き換えでも、あのストレスは二度と体験したくありません。

もし、あなたが「安全と安心のためにお金が必要である」という考えをもっていて、それを探求していなかったら、希望のない状態で暮らしていることになります。銀行は倒産し、株式市場は暴落し、貨幣価値は下がるのですから。人は嘘をつき、契約を履行せず、約束を破ります。心が混乱した状態では、何億円稼いでも、不安で不幸せなままなのです。

恐れやストレスこそ、お金を稼ぐ原動力であると信じている人もいますが、それは本当でしょうか？　恐れやストレスという動機がなければ、実際に稼いだ以上のお金をつくることはできなかったと絶対に言い切れますか？「私がやる気になるには、恐れとストレスが必要である」――このストーリーを信じなければ、あなたはどうなりますか？

私はワークを発見してからというもの――ワークが私を発見したと言った方がよいのですが――お金が少ししかなかったり、全然なかったとしても、いつもそのときの自分にとって完璧な額のお金があるということに気がつきました。幸せとは、頭の中がクリアな状態です。明確でまっとうな考えがあれば、どう生き、どう働き、どんなメールを送り、どんな電話をかければいいか、わかります。そして、恐れずに求めているものを実現するにはどうしたらいいかも。

「私は、安全のためにお金が必要である」という考えがなければ、あなたはどうなりますか？周囲の人は、あなたともっと気楽にいられるようになるかもしれません。お金は天下の回りものと大らかに構えて、その出入りを恐れなくなるかもしれません。自分がもっている以上のお金は必要ではないということを理解したとき、お金で得ようとしていたすべての安心をすでに得ていることに気づきます。こうした姿勢でいると、お金を得やすくなるのです。

私たちが恐れやストレスを動機としてお金を稼ごうとするのと同様、自分の怒りや欲求不満をバネにして、社会運動に参加することがよくあります。私が良識的で効果的な行動をとりつつ、地球環境をきれいにしたいなら、自分自身の環境をきれいにすることから始めます。私の考えの中のあらゆるゴミや汚染を、愛と理解をもって掃除したいのです。そうすることにより、私の行動は真に効果的になります。地球を助けるには、たったひとりいればいいのです。それは、あなたです。

事例1　無能な部下に悩む上司

ゲーリーは、仕事のできない部下に悩まされています。あなたも職場で、上司や部下、同僚などに困っていませんか？　もしくは家で、あなたの配偶者や子供は、お皿をちゃんと洗っていなかったり、洗面台に歯磨き粉を残していたりしませんか？　あなたの生活の中で同じような例があるか、見てみましょう。ゲーリーが答えを求め、心の中を掘り下げていくのを読みながら、あなたも自分自身の答えを探求してみてください。

ゲーリー　「『私は、部下のフランクに怒っている。なぜなら、無能だから』」

ケイティ　「わかりました。『フランクは、有能であるべきだ』――**それは本当でしょうか？**」

ゲーリー　「そう思います」

ケイティ　「**その考えが本当であると、絶対言い切れますか？**　誰かが、そう言ったのですか？　彼の履歴書は、有能ということになっています。推薦状にも有能と書いてあります。ありとあらゆるところに有能と書いてあるのです。あなたが彼を採用したということは、有能なはずですね。でもあなたの経験で、現実はどうでしょうか？　彼は、有能なんですか？」

ゲーリー　「私の経験では、有能とは言えませんね」

ケイティ　「そう、現実こそが唯一のまともな拠りどころです。フランクが有能であるべきというのは、本当でしょうか？　答えは、いいえです。なぜなら、彼は有能ではないんですから。それが、あなたの現実です。『フランクは、有能であるべきだ』という偽りの考えを信じていて、彼がそうでないとき、**あなたはどのように反応しますか？**」

ゲーリー「欲求不満になるし、不安がつのりますね。私が、フランクの仕事の面倒を見なくてはという気持ちになります。というのも、いつも彼の仕事の後始末をさせられるし、任せることができないんです」

ケイティ「『フランクは、有能であるべきだ』という考えを手放した方がいい理由は見当たりますか？　別に手放しなさいと言っているわけではありませんよ」

ゲーリー「その考えを手放せたら、気分がよくなるでしょうね」

ケイティ「それは、とてもよい理由ですね。その現実に反している考えをもち続けてもストレスにならない理由はありますか？」

ゲーリー「はい。ええと、『現実に反している』というのはどういう意味ですか？」

ケイティ「おわかりのように、フランクが有能ではないのが現実ですよね。でも、あなたは、有能であるべきだと言っています。この考え方は、現実に反しているから、うまくいかないんです。あなたによると、その考えは、欲求不満や不安を引き起こすんですよね」

ゲーリー「なるほど。フランクは有能ではないというのが現実なのに、それを受け入れず、有能であるべきと考えることで、混乱しているということですね」

ケイティ　「あなたが受け入れようが受け入れまいが、フランクは有能ではないんです。現実は、私たちの同意や許可を待ってくれません。現実はあるがままなんです。それは確かです」

ゲーリー　「現実は、あるがまま」

ケイティ　「そうです。現実はいつも、想像よりずっと優しいですよ。私が、『真実の証拠』と呼んでいるエクササイズを、ぜひ実践してみてください。『フランクは、有能であるべきだ』という考えについての裏づけをリストアップして、それぞれに問いかけをしていき、それらが本当に根拠になっているか、確かめていくんです。その結果、すべて根拠はないということが判明しますよ。真実というのは、彼は有能であるべきではないということです。実際、彼は有能ではないんですから。適任ではないんです」

ゲーリー　「事実としては、フランクは有能ではない。そして、私が埋め合わせをするために、すべきことをする。わざわざそれに加え、『フランクは、しかじかであるべきだ』と考えて、余計な重荷を背負う必要はないんですね」

ケイティ　「その通りです」

ゲーリー　「私の仕事がらみの不安のすべてが、『フランクは、有能であるべきだ』と考えることにかかわっていました。真実としては、『彼は、有能ではない』ということなのに、そこに『彼は、有能であるべきだ』という考えを付け加えるというのは、ばかげたことですね。これからは、ただすべきことをしていくようにします。『彼は、有能であるべきだ』という考えを付け加えると、焦って、感情的になりますからね」

ケイティ「それでは、現実に反する、ばかげたストーリーがなければ、**あなたはどうなりますか？**」

ゲーリー「私は、しなければいけない仕事をスムーズにできます」

ケイティ「ストーリーがなければ、職場でフランクと仕事をしている**あなたはどうなりますか？**」

ゲーリー「思いやりがあり、力を発揮できます」

ケイティ「そうですね。『フランクは、有能であるべきだ』――**置き換え**てください」

ゲーリー「『フランクは、有能であるべきではない』」

ケイティ「その通り。彼が実際にそうなるまでは。それが、現時点での現実です。他にも置き換えがありますね」

ゲーリー「『私は、有能であるべきだ』――これは本当ですね」

ケイティ「ここで、あなたのワークシートの2番の文章を見ていきましょう」

ゲーリー　「『私はフランクに、プロジェクトでの彼の担当部分に責任をもってほしい』」

ケイティ　「**置き換えて**」

ゲーリー　「『私は私に、プロジェクトでの私の担当部分に責任をもってほしい』」

ケイティ　「そうですね。あなたがフランクの能力のなさに意識が行っている限り、プロジェクトの責任を完全に果たせないでしょうから」

ゲーリー　「それから、私はプロジェクトの彼の担当部分にも責任をもつべきですね」

ケイティ　「ええ。もしあなたがいい仕事をしたいなら、他に選択肢はないでしょうね。それでは、次の文章に移りましょう」

ゲーリー　「『フランクは、自分の分野の専門家として、またプロジェクトリーダーとして、進んでものごとに取り組むべきだ』」

ケイティ　「**それは本当でしょうか？**　どこで彼はその能力を身につければいいの？『ねぇ、そこの無能な人、君は進んでものごとに取り組むべきだ！』と言っているようなものですよね」

ゲーリー　「まったく、まともじゃないですね。おっしゃる通りです。フランクはただ、やることをやっているだけなんです」

ケイティ「あなたがその幻想を信じているとき、フランクにどう接していますか?」

ゲーリー「タフにふるまいます。もっと早くこなせとか、いちいちうるさくなります」

ケイティ「あまり効果的とは言えないですね。その考えを手放した方がいい理由は見当たりますか?」

ゲーリー「もちろんです」

ケイティ「それでは、**置き換え**てみましょう」

ゲーリー「『私は、自分の分野の専門家として、進んでものごとに取り組むべきだ』——そうします。そうしなければいけませんね」

ケイティ「フランクが、あなたをもっとも有能にしてくれる専門家であることは、間違いないわね」

ゲーリー「そうですね。彼は私の先生ですね。そう感じられます」

ケイティ「よかったです。次の文章を見ていきましょう」

ゲーリー「『私はフランクに、プロジェクトでの彼の担当分に責任をもってもらう必要がある』——今、読んでみると、あまり必要だとは感じません」

ケイティ　「見込みのない話ですよね」

ゲーリー　「まったくないです。『私は私に、彼と自分の担当部分に責任をもってもらう必要がある。もし、プロジェクトを実現したいのなら』」

ケイティ　「次の文章に行きましょう」

ゲーリー　「『フランクは、無能だ』」

ケイティ　「**置き換え**てください」

ゲーリー　「『私は、無能だ』」

ケイティ　「フランクを無能として見ることは、あなたも無能になるということなんです。彼は、あなたに明確な考えをもたらすという意味では、完璧に有能です。さらに何かをもたらすかもしれませんよ」

ゲーリー　「この置き換えは、あまり実感が湧きません。私は自分のことを非常に有能だと思っていますから」

ケイティ　「フランクに関して言えば、あなたは有能ではないということです。彼は有能であるべきではないということが理解できるほど、有能ではなかったということ」

ゲーリー　「それは同意できます。私の無能なところです。フランクはかなり年長なのに、注意して見ている必要があります。ということは、自分に置き換えると、私は私のことを注意して見ている必要があるということですよね。その方が、真実味があります。私はときどき、まともな判断ができなくなりますから」

ケイティ　「内面を見つめることができましたね。取り組む必要があるのは、自分の考えだけだとわかると、あなたが遭遇するあらゆる問題に問いかけを行うことが喜びになります。本当に真実が知りたい人にとり、ワークは『王手をかける』（ストーリーを終わらせる）ことを意味します」

ゲーリー　「何日か前に、自分でワークを試そうとしたんですが、行き詰まってしまったんです。自分の方が正しいと思っていたからです。自分の内面の問題として取り組むことで、すべての置き換えが意味をもち始めるんですね」

ケイティ　「『彼は、あるがままの状態よりも有能であるべきだ』という考えがなければ、その人を解雇するという選択肢もあるかもしれません。結果的には、その人にもっとふさわしい仕事が見つかる可能性もあるでしょう。もしくは、あなたが自分の内面に取り組むことができたために、思考がクリアになり、月曜の朝にその人に会ったとき、それまで気づかなかった能力を見出すことができるかもしれません。それでは、ワークシートの最後の文章を読んでください」

ゲーリー　「『私は、フランクのような人物を私のチームに二度と入れたくない』」

ケイティ　「置き換えて。『私は、〜しても構わない』の形で」

ゲーリー　「『私は、フランクのような人物を私のチームに入れても構わない』、『私は、彼のような人物を私のチームに入れることを楽しみにしている』——なぜなら、そのおかげで私は自分の内面に導かれ、解決策を発見できるからです」

ケイティ　「素晴らしい。ワークへようこそ！」

事例2　おじの助言により、株でお金を全部失った男性

この事例は、自分自身のストーリーにしがみついて苦しんでいる人でも、辛抱強く探求のプロセスを通過していく気持ちがあれば解放感を味わうことを物語っています。マーティが指摘しているように、たとえワークを「頭で理解しただけ」のようにずっと思っていたとしても、急に深く腑に落ちることがあるのです。

私は、プロセスを急がないことが大好きです。考えというのは、実際に変わるまでは変わりません。変化は、ちょうどぴったりのタイミングで起こるのです。一秒たりとも早すぎたり、遅すぎたりすることはありません。人は、種が芽吹くのを待っているようなものです。自分自

身で理解するまでは、急かされても先に行けないのです。

この事例を役立てるのに、マーティが話している専門的な事柄について理解する必要はありません。彼がもっている株の株価がいったんは上がったものの、かなり下落してしまい、それに伴って感情が揺れたということだけ知っていれば十分です。

マーティ「『僕はラルフおじさんが株式市場に関していいかげんなアドバイスをしたおかげで、金を全部失ったことに対して怒っている』。おじに借金して株を買ったんですが、株価は下がり続ける一方でした。そしておじが大ボラを吹いた別の株は、二年で八五パーセントも下落しました。おじは無意識のうちに僕と張り合っているんです」

ケイティ「なるほど」

マーティ「いつも自分の銀行口座の預金残高が誰よりも多いことを証明しようとしているし、裕福なのでお金を借りる必要がない。僕の場合、借金する必要があったのは、下落した株の他にもうひとつ株があり、そちらはうまくいっていたので、おじに借金を全額返済できるのではと思ったからです」

ケイティ「なるほどね」

マーティ「それでおじに対する借金額がふくらんでいきました。この状態が二年半続いてきたんですが、最近になっておじの株が大きく値下がりしたときにとうとう、言いました。『ラルフおじさん、株がふたつとも暴落したおかげで、僕はお金を全部失ったんだよ。おじさんから借りた分も』。そしたらおじが言ったんです。『この野郎、金を借りるなといったのに借りただろうが。お前が俺を裏切ったんだ。俺に刃向かったんだ』。そして、こんなこともした、あんなこともしたと続けるんです。やっと話に割って入って言えたのは、『おじさんが勧めた別の株を買う必要があったのに、手持ちのお金がなかったからだよ』ということ。だけど僕は、なぜその株を買う必要があるか、言いませんでした。おじにお金を返せるかもしれないと思ったからです。お金も儲けたかったたし、僕の恐れや欲もあった。だけど……」

ケイティ「書いた文章だけ、読んでくれますか？ 書いた文章を読み上げるのであって、ストーリーに入らないことが大切なんです」

マーティ「わかりました。すみません。『僕はラルフおじさんに救済してほしい。始めたときの六万ドルに、クレジットカードの支払をするための三万五〇〇〇ドルを合わせて僕に返してほしい。不正確な情報によって、僕と家族に経済的損失を与えたことに対し、責任を取ってほしい』」

ケイティ「いいですね。読み続けてください」

マーティ　「『ラルフおじさんは、僕の借金を肩代わりし、一〇万ドルくれるべきだ。僕がお金を返すことを要求すべきではない。なぜなら、僕には支払えないから。僕は、ラルフおじさんに財政的破滅から救ってもらう必要がある。責任をとってほしいし、少なくとも大人としてお互いが何をしたのかを踏まえ、僕とうまくやろうとする姿勢を見せる必要がある。ラルフは要求が強く、支配的で、おそらく執念深い。真実に関心をもつよりも、自分がいつも正しく、非常に頭がいいことを証明しようとしている』。最後の文章にいきましょうか？」

ケイティ　「はい」

マーティ　「『僕は二度とおじから株についてのアドバイスは聞きたくないし、借金したくないし、根拠のない子供じみた文句も浴びたくない』」

ケイティ　「いいでしょう。よくできたと思います。それでは、最初の文章をもう一度、書いた通りに読んでくれますか？」

マーティ　「わかりました。『僕はラルフおじさんが株式市場に関していいかげんなアドバイスをしたおかげで、金を全部失ったことに対して怒っている』。ああ、もう読んでいられない」

ケイティ　「わかりました。そこまでにしましょう。おじさんはあなたに情報をくれたのね？」

マーティ　「そうです」

ケイティ　「なるほど。私がこのカップを差し出したとしても、あなたが受け取らなければいけないということはありません。受け取るかどうかはあなたしだい。正しいも間違いもありません。『おじというものは甥に対し、株式市場に関するアドバイスをすべきでない』――**それは本当でしょうか？**　現実にはどうなんでしょう。アドバイスするの？」

マーティ　「おじは僕に儲けさせようと思ってアドバイスしたんです」

ケイティ　「それで現実はどうなの？　おじさんはあなたにアドバイスしたんですよね」

マーティ　「おじは僕にアドバイスし、僕はそれにしたがい、とことん行ってしまいました。それで困っているんです」

ケイティ　「株価予想がリスクを伴うということは誰でもわかっているのに、それでも手を出してしまうのね。それでは、『おじというものは甥に対し、いいかげんなアドバイスをすべきでない』――**それは本当でしょうか？**」

マーティ　「はい。そうです。本当です！」

ケイティ　「それで、現実にはどうでしょう。いいかげんなアドバイスをするんでしょうか？」

マーティ　「そうです。おじはいいかげんなアドバイスをしておきながら、そのことを認めようとしません」

ケイティ「わかりました。『おじというものは、自分の過ちを認めるべきだ』——**それは本当でしょうか？**」

マーティ「はい、その通りです。おじというものは、自分の過ちを認めるべきです」

ケイティ「それで現実にはどうなの？　あなたの経験は？」

マーティ「彼は何もかも僕のせいにして……」

ケイティ「ということは、あなたの経験では『ノー』なのね。おじさんは自分の過ちを認めない」

マーティ「その通りです」

ケイティ「それでは、『おじというものは、自分の過ちを認めるべきだ』というのは、**本当でしょうか？**」

マーティ「誰でも自分の過ちを認めるべきだというのが本当だと思います」

ケイティ「なるほどね。それで現実はどうでしょう。いつも認めるんでしょうか？　おじというものは自分の過ちを認めるべきだというのは**本当でしょうか？**」

マーティ「はい」

ケイティ「それで現実はどうなんでしょう？」

マーティ「おじは認めていません」

ケイティ「おじさんは認めていない。それでは聞きます。人は自分の過ちを認めるべきだというのは、**本当でしょうか？**——いいえ。実際に認めるまではそうではありません。私は道徳ではなく、単純な真実を求めているのです」

マーティ「でも僕の場合は、自分の過ちを本当に認めようとしています。それに、おじにお金も資産もすべて渡すという行動によって、自分の過ちを認めているんです」

ケイティ「私もあなたのようにします。自分の行動に責任をもつ自分が好きです。ただ、『人は自分の過ちを認めるべきだ』というのは本当でしょうか？——いいえ、違います。そこで聞きたいのですが、人は自分の過ちを認めなくてもいいということがわかるのは、どのようにしてでしょう？」

マーティ「過ちを認めないことによってです」

ケイティ「そうです。人は過ちを認めない。このことはあまりにも単純であるがゆえに、何千年ものあいだ、私たちは見すごしてきたんです。私は真実によって解放されました。現実と闘うと、負けます。私が現実を愛するのは、自分がスピリチュアルな存在だからというよりも、闘うと自分の中で敗北するからです。自分の心の中の『帰ってくる《ホーム》場所』とのつながりが断たれてしまいます。『彼は自分の過ちを認めるべきだ』と考えているのにそうしてくれないと、**あなたはどのように反応しますか？**」

マーティ「被害者になった気がします」

ケイティ「他にはどうでしょうか。心の中でどう感じますか？」

マーティ「痛みや悲しみ、怒り、恐れを感じます」

ケイティ「心の中でそういう混乱を感じるのは、あなたが偽りの中で身動きがとれなくなっているから。彼が自分の過ちを認めるべきというのは、本当ではありません。それは偽りです。世界中で何世紀も前からこうした偽りが教えられてきたけれど、あなたが心の痛みはもうたくさんと思ったなら、いまこそ何が真実か、気づくときです。人は自分の過ちを認めるべきだ、というのは、認めるまでは本当ではありません。このことを受け入れるのは難しいと感じる人もいるでしょうが、探求してみることをお勧めします。このワークが求めるのは、シンプルで純粋で明白な一貫性に加え、真実に耳を傾けようとする意欲だけです。『おじさんが自分の過ちを認め、お金を返してくれた方が自分にとってはるかにいいし、もっとも崇高な精神状態になれ、もっとも自由になる』――**その考えが本当であると、絶対言い切れますか？**」

マーティ「もっとも崇高な精神状態？」

ケイティ 「そうです」

マーティ 「うーん」

ケイティ 「ただ、イエスかノーかで答えて。**それが本当であると、絶対言い切れますか？**」

マーティ 「わかりません」

ケイティ 「私の経験からもそう。それが本当かどうかなんて、わかりません」

マーティ 「こう言ってもいいかもしれません。イエスと言ってもいいのですが、そうすると正義感を感じます。でもそれが心の平和と必ずしも同じものか、わからないんです」

ケイティ 「同感です。正義感と心の平和は同じものではありません。私には正義感よりも、あなたの自由の方が大事です。あなたを解放してくれる心の中の真実こそが、究極の正義です」

マーティ 「僕が話しているのは高次の正義であって、誠実な態度というのは、大人どうしでじっくり向き合って話し合うことではないかと。僕も過ちを犯したのだから」

ケイティ 「『彼はあなたとじっくり向き合うべきだ』——**それは本当でしょうか？**」

マーティ 「はい、確かにそうです」

ケイティ 「現実としてはどうなんでしょう？」

マーティ　「そうしてくれません」

ケイティ　「それでは、大人としてあなたとじっくり向き合うべきだと考えるのに、彼がそうしないとき、**あなたはどのように反応しますか？**」

マーティ　「不当な扱いを受けた気がしたり、自分は正しいと感じたり、とても嫌な感じです」

ケイティ　「そう、そういう結果になるんですよね。つらいのは、彼があなたとじっくり向き合わないということではなく、あなたが自分の考えを信じ込んでいること……」

マーティ　「彼はじっくり向き合うべきだという考えですね」

ケイティ　「そうです。少しの間、そのままでいて、具体的な状況を思い浮かべてください。『彼は大人としてじっくり向き合うべきだ』、あるいは『彼は自分の過ちを認めて謝るべきだ』というストーリーがなければ、**あなたはどうなりますか？**　そのストーリーを手放してくださいといっているわけではないですよ。そのストーリーがなければ、今の日常のあなたがどのようになるか、ただ聞いているだけです」

マーティ　「彼に期待する気持ちがなくなります」

ケイティ　「そうですね」

マーティ　「それにより、僕は自分自身の中でもっと満たされると思います」

ケイティ　「そうです」

マーティ　「でも、僕は……」

ケイティ　『『でも』というとき、自分のストーリーへ入っていこうとしていることに気づいてください。ただ静かに内面を見つめましょう」

マーティ　［少し間があって］「どんな感じになるのか、本当にわからないんです」

ケイティ　「それでいいの。私たちは、起きていることについての偽りの考えにしがみつくことにあまりにも慣れてしまって、自由に生きるすべを知らないんです。それでも心の痛みが大きすぎて、学ばずにはいられない人もいます。私の経験では、ストーリーにしがみつくことがなければ、朝ただ起きて、歯を磨き、朝食をとり、一日すべきことをするだけ。ストレスはありませんし、苦しむ必要はないんです」

マーティ　「いい感じですね。つかの間だったかもしれないけど、僕もそうした自由な状態を味わったことはあるんですよ。そういう生き方をしたいからこそ、このワークに参加しているんです。」

ケイティ　「それでは、初めの部分をもう一度読んでください」

マーティ　「わかりました。今度は自分の文章が読める。『僕はラルフおじさんが株式市場に関していいかげんなアドバイスをしたおかげで、金を全部失ったことに対して怒っている』」

ケイティ「では、これから**置き換え**をします。『僕は僕自身に対して怒っている。なぜなら、……』」

マーティ「僕は僕自身に対して怒っている。なぜなら、……」

ケイティ「『なぜなら、……』彼がくれたアドバイスをあなたが聞き入れたんですよね」

マーティ「僕は僕自身に対して怒っている。なぜなら、彼の株式市場に関するアドバイスを聞いて、信じたから」

ケイティ「そう、近づいてきましたね。かなり単純にしておきましょう。ではもう一度、元々書いた文章の通りに**置き換え**てみましょう」

マーティ「僕は僕が株式市場に関していいかげんなアドバイスをしたおかげで、金を全部失ったことに対して怒っている?」

ケイティ「そうです。あなたは自分自身に対してアドバイスしたんです」

マーティ「わかります。おじからの情報を受け入れることで、自分自身にアドバイスしたんですね」

ケイティ「その通りです。あなたが受け入れないかぎり、彼も与えることはできないんですから。あなたは自分自身の神話を信じてきたんですね。わかってきたでしょう」

マーティ　「認めるのはつらいですね」
ケイティ　「もっとつらいのは、おじさんや他の人に自分の人生を預けて生きてきたのを認めることです」
マーティ　「そうですね。いい気持ちがしません」
ケイティ　「次の文章を見ていきましょう」
マーティ　「『僕はラルフおじさんに救済してほしい』」
ケイティ　「それでは、『ラルフおじさんはあなたを救済すべきだ』――**それは本当でしょうか？**」
マーティ　「はい。彼がちゃんとした人ならば」
ケイティ　「それはなぜ？　あなたが投資したのは、誰のお金ですか？」
マーティ　「一部はおじので、一部は自分のです」
ケイティ　「わかりました。あなたのお金と彼のお金ですね。それでは、あなたのお金に焦点を当てましょう。あなたは自分のお金を、おじさんから聞いた情報を信じて投資したんですよね？」
マーティ　「そうです」

ケイティ　「なのに、彼はあなたを救済すべきなの?」

マーティ　「いや、そういうふうに言われると……いいえ」

ケイティ　「いいですね。そうすると彼は当時、自分が信じていた情報をあなたに提供したということを除いて、これまで話してきたこととどんなかかわりがあるんでしょう」

マーティ　「まったくありません」

ケイティ　「その通りです。まったくないんです」

マーティ　「でも問題なのは、今この瞬間にも、僕はかなり頭の理解にとどまっているということなんです。まだ怒りも感じますし」

ケイティ　「ただ、起きているプロセスを大事にしてください。今は頭だけの理解のように思えるとしたら、そうあるべくしてなっているのです。『おじさんは自分のことを救済すべきだ』と**考えるとき、あなたはどのように反応しますか?**」

マーティ　「不安や恐れやら、できれば感じたくない嫌な感情でいっぱいになります」

ケイティ　「あなたは彼が救済すべきだという考えにのみ焦点を当て、自らの正当性を自分に言い聞かせている。でもあなたに勝ち目はありません。勝ちようがないんです。真実というのは、彼はあなたを救済する必要がないということです。彼があなたのお金を投資したわけではなく、あなた自身がしたんですから」

マーティ　「そうですね」

ケイティ　「あなたが彼の側に焦点を当て続ける間は、真実を知り、一貫性をもって生きることと、すなわち自分自身を救済することから遠ざかってしまいます。誰がこの状況を招いたんでしょう？　あなた自身ですよね。おじさんがあなたを助けることはないと言っている以上、あなたを救出するのは、あなた自身です。もしラルフおじさんがやってくれるのなら、あなたは自分で自分を救えるということにずっと気づかないままでしょう」

マーティ　「その通りです」

ケイティ　「そしてラルフおじさんが救済しないと言っていることに対し、あなたは憤慨し、彼に焦点を合わせ続けます。自分自身を救済しません。なぜなら、自分自身を救えることに気づく立場にいないからです。あなたがこの世を去るときは、『不公平だ！　おじからなぜこんなに薄情な仕打ちを受けなければいけないんだ』と叫んでいることでしょう」

マーティ　「おっしゃる通りです」

ケイティ　「それでは、おじさんが救ってくれないのが真実なのに、あなたを救うべきだという神話にしがみつく、もっともな理由をひとつ挙げてみてください」

マーティ　「おじにとっては、昼食代より少し多い程度の金額なんです」

ケイティ　「なるほど、いい理由ですね！　私が発見したのは、宇宙にはたった三つの領域――私の領域、あなたの領域、神の領域――しかないということです。『神』という言葉を、『自然』あるいは『現実』と置き換えてもいいでしょう。それでは、この三つの領域のどれに当てはまるか、考えてみてください。彼のお金は誰の領域でしょうか？」

マーティ　「彼の領域です」

ケイティ　「そうです」

マーティ　「それを僕が自分の領域にしていたんですね。だからつらいんですね」

ケイティ　「そうです。私が気づいたのは、こういうことです。私が頭の中であなたの領域に入っていくと、自分の中にストレスが生まれます。それは、潰瘍や高血圧、ガンといったあらゆる症状にもつながるかもしれません。そして私はその考えに執着し、あるがままの現実ではない『偽り』を支えるような信念体系をつくりだすんです。そうした『偽り』がいつ始まるかは、問いかけをし、自分の気持ちを感じることでわかります。そこで問いかけをしないと、自分の気持ちやストーリーの中でさ迷ってしまい、自分が傷ついているということと、頭の中で考えがグルグルするのが止まらないということしかわかりません。自分が執着しているストーリーを紙に書き出すことにより、頭の中のグルグルする考えを止めることができます。たとえ頭の中でストレスになる考えがまだ鳴り響いていても、一部が止まります。自分が書いた文章に４つの質問を投げかけ、置き換えるだけでいいのです。あなたを解放するのはあなた自身で、おじさんではありません。自分自身を救わなければ、あなたが救われることはありません。今まで気がつかなかった？」

マーティ　「すべて、まったくその通りだと思います。現時点では、自分自身を救う力を自分が感じていない」

ケイティ　「人は、『お金をいっぱい儲ければ、幸せになれる』と思うものです。けれど、直接に今すぐ幸せになってはどうでしょうか。あなた自身が招いた状況であり、今のところ、おじさんは何の関係もありません」

マーティ　「それには賛成です。おじのせいではないということがわかってきました。僕がやったことなんです。自分の考えに向き合うのは、ある意味で新しい可能性も見えてスリリングなんですが、悔しい気持ちもあります」

ケイティ　「そう、現実へようこそ。現実に生きるようになり、古いストーリーなしにありのままが見えるようになると、それはとてつもないことなんです。少しの間、ストーリーなしでこの状況を見てみましょう。すべてが現実です。私は現実を『神』とも呼ぶのですが、なぜかというと、すべてを制しているからです。それはいつもあるがままなのです。おじさんに責任があるという神話を信じていると、そのことが見えなくなります。とてもシンプルです。それでは、おじさんのお金は誰の領域？」

マーティ　「彼のです」

ケイティ　「素晴らしい！」

マーティ　「二つの領域の違いがはっきりわかりました。前は本当に自分の領域だと思っていたんです」

ケイティ　「それで、あなたの相続分をおじさんの名義に書き換えたの？」

マーティ　「そうです」

ケイティ　「わかりました。そのお金は今、誰のものなんでしょう」

マーティ　「おじのです」

ケイティ　「それでは、おじさんが自分のお金をどうするかは、誰の領域ですか？」

マーティ　「彼の領域です」

ケイティ　「素晴らしいじゃない？　自分自身の領域に戻れば、人生はとてもシンプルになる」

マーティ「今はまだ、そんなにいい気分ではないんですけどね」

ケイティ「ねえ、これだけ基本的なことに気づくというのは、生まれたばかりの子馬のようなものでもあるんです。最初は脚が動きさえしない。ふらついていて、腰を下ろさなければいけない。このセッションが終わったら、自分が気づきつつあることをどこかでしばらく消化することをお勧めします。それは大きなことだと思います。次の文章を見てみましょう」

マーティ「わかりました。『ラルフおじさんは、僕の借金を肩代わりし、僕に一〇万ドルくれるべきだ』」

ケイティ「いいですね。それでは、**置き換え**てみて」

マーティ「僕は、僕の借金を肩代わりし、僕に一〇万ドルくれるべきだ」

ケイティ「とてもエキサイティングね。彼の領域に入らないことで開ける空間《スペース》にきっと驚くでしょう。それは、あなた自身の問題を解決できる力なのです。私たちを解放し、明確で愛情深い行動をとらせてくれるのは、真実です。それでは、別の**置き換え**もしてみましょう。僕は……」

マーティ「僕は、僕の借金を肩代わりし、僕に一〇万ドルくれるべきだ」

ケイティ「……そして、おじさんに一〇万ドルあげる」［マーティと聴衆、笑う］
マーティ「僕は借金を返すべきだ……。おじには、たぶんもう一〇万ドルは借りているなあ」
ケイティ「ほらね」
マーティ「僕は借金を返し、おじに一〇万ドルあげるべきだ——何てことだ！」
ケイティ「そうです。あなた自身のためにね。たとえおじさんが何十億ドルもっていたとしても、関係ありません。あなた自身のためなんです」
マーティ「そうですね。まったく賛成です」
ケイティ「そうなんです。それでは、『彼は一〇万ドルくれるべきだ』という文章ですが、何のため？」
マーティ「この二年半の投資活動のすべてをチャラにできるから」
ケイティ「それであなたは幸せになるの？」
マーティ「いやあ、幸せにはなりません」
ケイティ「『彼は一〇万ドルくれるべきだ』と考えるとき、**あなたはどのように反応しますか？**」
マーティ「心が痛みます」
ケイティ「そうですね。**その考えがなければ、あなたはどうなりますか？**」

マーティ「自由になります」

ケイティ「次の文章を見ていきましょう」

マーティ［笑いながら］「『僕は、ラルフおじさんに財政的破滅から救ってもらう必要がある』。とんでもないですね！」

ケイティ「いいですね。それでは**置き換え**てみて」

マーティ「僕は、僕に、財政的破滅から救ってもらう必要がある」

ケイティ「あなたが自分自身の苦しみを終わらせるために踏み出したことがわかるでしょう？　おじさんへの批判を書き出し、４つの質問をし、置き換える。そしておじさんにお礼状を送りましょう。あなたは素晴らしい贈り物を与えられているんです。真実へ向かって進みだせば、その贈り物は明らかになります。そして新しいあなたになる」

マーティ「それはいいなあ」

ケイティ「あなたの勇気は本当にありがたいです。おじさんに電話をして、自分なりの言葉で『置き換えを生きる』ということができると素晴らしいと思います。たとえば、こういうふうに言うんです。『ラルフおじさん、僕は電話する度にあなたから何かを求めている。そのことを僕が今、はっきり自覚しているということを伝えたかったんだ。

おじさんに救済を期待することはできない。おじさんのお金はおじさんのものだし、僕はお金を借りているし、自分なりに取り組んでいるんです。おじさんから何か提案があるんだったら、僕は何でも聞きます。これまで、僕がしてきたことを心から謝ります』。そして彼が素晴らしい株の情報をもっていると言ったら、感謝した上で、自分がどうするかを決めるんです。アドバイスを聞き入れた上でお金を失っても、おじさんを責めないこと」

マーティ　「そうですね。実は、おじに株についての情報を聞いたのは自分からなんです。少しお金を相続したとき、おじがお金をたくさんもっていることを知っていたので、アドバイスをもらいたかったんです」

ケイティ　「ベストの投資先は、あなた自身ね」

マーティ　「ただ、いざおじに電話をして、今お話されたようなことを伝えるとしたら、ものすごく恐いですね」

ケイティ　「それはそうでしょう。あなたが間違っていて、彼が正しいということになるんですから」

マーティ　「それに、おじが落ち着いて話を聞いてくれるかどうかすら、わからないし」

ケイティ　「それはわかりません。次の文章を見てみましょう」

マーティ 「『僕は二度とおじから株についてのアドバイスは聞きたくないし、借金したくないし、根拠がない、子供じみた文句も浴びたくない』」

ケイティ 「また同じような状況が起きるというのでなければ、頭の中でまた現れるかもしれません。ご自身の中に、ひっかかりとして残っている部分があるかもしれませんので。でも私に言えることは、探求したことのない考えに取り組んでいるので、ひとつを手放したら、すべてがドミノ倒しのように倒れていくということです。同じような考えが再び現れたらどうするか、知っているとすればいいことですね。またおじさんに期待をもつかもしれませんが、あなたに一貫性がなければ、傷つくだけです」

マーティ 「確かにそうですね。認めるのは大変ですが、本当です」

ケイティ 「そうです。でも認める方が認めないよりも楽なんです」

マーティ 「そうですねえ……よくわかりませんが……僕がそこまでたどり着けたのか……」

ケイティ 「頭の中でもう一度その状況を思い浮かべてみて、まだあなたが執着しているものが残っていたり、つらく感じるものがあるなら、ワークに戻りましょう。それでは、あなたが書いた文章を『〜しても構わない』に**置き換え**て読んでください」

マーティ 「わかりました。僕は、おじから株についてのアドバイスを聞いて借金しても構わない？［間があって］構わないんだと思います。僕は、おじから株についてのアドバイスを聞いて借金しても構わない。子供じみた文句を言われても構わない」

ケイティ「そうですね。そのときに何らかの心の痛みを感じ、解放されたいのなら、ワークに戻りましょう。それでは、『～を楽しみにしている』に**置き換え**てみましょう」

マーティ「僕は……。ちょっと待ってください。混乱しています」

ケイティ「ただ、プロセスを信頼してください。『～を楽しみにしている』という文章で」

マーティ「わかりました。僕はおじから株についてのアドバイスを聞いて借金し、子供じみた文句を浴びることを楽しみにしている？」

ケイティ「そうです。あなたは同じ状況を繰り返す可能性があるからです」

マーティ「それは考えにくいです。おじが僕に再びアドバイスすることはないと思いますし、僕も株に投資するお金はもうありません。どちらにせよ、もうやりたくないです」

ケイティ「真夜中に冷汗をかいて目を覚ますときに、この状況が頭に浮かんでいるかもしれませんよ」

マーティ「なるほど」

ケイティ「そういうことがよくあるんです」

マーティ「そうか」

ケイティ「そういうときは、ノートと鉛筆を使っておじさんをもう一度批判してみれば、すっきりします。『おじさんは僕に借りがある』——**それは本当でしょうか？　その考えが本当であると、絶対言い切れますか？　そう考えるとき、あなたはどのように反応しますか？自分に尋ねてください。その考えがなければ、あなたはどうなりますか？**　おじさんのことを気にかけ、自分自身に責任のもてる人になるでしょう。おじさんを無条件に愛せるようになるまで、ワークは終わっていません。それでは目を閉じて、あなたを助けようとしているおじさんの姿を見てください。ストーリーなしに、本当に見てくださいね」

マーティ「僕は、おじの言葉の暴力に、まだ心の痛みを感じます」

ケイティ「わかりました。言葉の暴力ですね。**置き換え**てみてください」

マーティ「僕は、自分の言葉の暴力に、まだ心の痛みを感じます」

ケイティ「『自分の頭の中の、彼に対する……』」

マーティ「僕は自分の頭の中の、彼に対する言葉の暴力に、まだ心の痛みを感じます？」

ケイティ「そうです」

マーティ「ここにいるみんなは違うかもしれないけど、僕には理解できません」

ケイティ「おじさんの言葉の暴力というのは、たとえば？」

マーティ　「『マーティ、おまえはなんにもわかっちゃいない。こういうふうにしろと言ったのに、勝手に自分のやり方でやって……』」

ケイティ　「いいでしょう。ここまでにしましょう。彼が正しいのに、あなたはそのことを聞きたくないという可能性はありませんか？　それは言葉の暴力ではありません。自分について真実を言っているのに、聞きたくないと思い込んでいます。でも私たちは心の中の深いところで、真実を切望しているのです」

マーティ　「わかります。確かにそうです」

ケイティ　「自分を責めている相手の話を本当に聞くことができたら、解放されます。おじさんが言うことに傷つくとしたら、自分がまだ目を向けたくなかったものが明らかにされたということです。おじさんは仏のような存在ですね。［マーティと聴衆、笑う］身近な人は、私たちが必要とするあらゆるものを与えてくれます。それにより、私たちは自分のことを理解し、偽りから自由になるのです。あなたのおじさんは、まさに言うべきことを知っていますよ。なぜなら、彼はあなたの鏡だからです。でもあなたは、『あっちへ行ってくれ。聞きたくない』と言うんですよね。しかもほとんど頭の中で。おじさんに対して正直なことを言ったら、お金や愛情をくれないかもしれない、自分のことを認めてくれないかもしれないと思うからでしょう」

マーティ　「おじは、僕を認めてくれたことなんかないです」

ケイティ　「いいと思います。おじさんはなかなかの人ですね。［マーティと聴衆、笑う］」おじさんは、あなたを認めるのはあなた自身に任せていて、自分にとっての真実だけをもち続けているんですね」

マーティ　「おじさんに会っても、悟りを開いた人に見えるかどうかは、疑問ですよ」

ケイティ　「おじさんは、あなた自身の目を向けたくない側面について知っているんです。そして真実というのは、あなたが本当は目を向けたいことに彼が導いてくれるということです。友達のところへ行って、おじさんについてぐちをこぼすのは逃げです。むしろあなたのストーリーに同調してくれるのを知っていて、頼りにしているのです。あなたは『敵』のところに行きましょう。同じように共感してはくれません。自分が知りたくないと思っていて、実は知りたいことをはっきり言ってくれます。あなたが本当に真実を知りたいのであれば、おじさんは貴重な材料を提供してくれます。それができるまでは、彼を憎むしかありません」

マーティ　「自分を何から守っているかというと、すべて自分が見たくない真実ということですか？　何てことだ。どうりでおじが敵に見えるはずだ！　これはすごい」

ケイティ　「おじさんが問題ということではなかったし、これからもそう。問題は、彼についてのあなたの探求していない考えなんです。問いかけをしていくうちに、解放されます。実は、あなたが自由になるために、おじさんの姿を借りた神様が、必要なことをすべて与えてくれているんです」

第7章 自分を裁く

あなたは、自分が正しいのと、
自由であるのとでは、どちらを選びますか？

私はあるとき、孫のレイスの誕生日祝いに、プラスチック製のダース・ベイダーのおもちゃを買ってあげたことがあります。三歳になったばかりのレイスがほしいと言っていたのですが、彼は『スター・ウォーズ』については、何も知りませんでした。

そのおもちゃにコインを入れると、スター・ウォーズの曲が流れ、ダース・ベイダーの不気味な呼吸音が聞こえます。そして、「見事だ。だが、お前はまだジェダイ（銀河系の自由と正義の守護者）ではない」という声がして、そのことを強調するかのように、剣を振り上げます。レイスはその声を聞くと、「おばあちゃん、僕はジェダイじゃないんだって」と言いました。

私が、「あなたはおばあちゃんの小さなジェダイになれるのよ」と言っても、「僕はジェダイじゃないんだ」と言い張ります。

そのおもちゃをあげてから一週間ぐらいたった後、私はレイスに電話をかけ、こう尋ねました。「あなたはもうジェダイになったの？　おばあちゃんの小さなジェダイなの？」

すると彼は、悲しげな小声で言いました。「僕はジェダイじゃないんだ」。彼はジェダイが何かも知らず、尋ねさえしませんでしたが、それでもジェダイになりたかったのです。プラスチックのおもちゃに言われたことに従い、三歳にしてすでに失望の人生を送っているのです。

それからまもなくして、私は友人に、自家用飛行機で砂漠の上を飛ぶ旅に誘われました。私は彼に、このジェダイの話をし、孫も連れていっていいか尋ねました。彼は、あるアイディアを思いついたらしく、微笑を浮かべながら、承諾しました。そして旅の当日。事前の手配により、飛行機が着陸すると同時に、客室のスピーカーから、「レイス、お前はジェダイだ！　今やジェダイとなったのだ！」という声が鳴り響きました。

レイスの小さな目は、疑わしげです。私が、「あなたはもうジェダイなの？」と聞いても、答えません。帰宅するやいなや、彼はダース・ベイダーに直行しました。コインを入れると、音楽が始まり、不気味な呼吸音が聞こえます。剣が振り上がり、低い声が言います。「見事だ。だが、お前はまだジェダイではない」。まあ、おもちゃというのは、そんなものですね。

私が孫にもう一度、尋ねてみると、その答えは、「おばあちゃん、僕はジェダイじゃないよ」でした。

私たちの多くは、自分のことを容赦なく裁きます。あのおもちゃが何度も何度も、私たちは何者であり、何者ではないかを告げるように。いったん探求してみれば、自分を裁く考えは氷解します。手順通り、裁く対象を自分ではなく、誰かに向けてワークを行えば、人を裁いても必ず自分に返ってくることに気づくでしょう。置き換えの文章が心地悪いものであれば、まだ探求していない、自分についてのビリーフがあると言えます。

例えば、「彼は私を愛するべきだ」を置き換えると、「私は私を愛するべきだ」になります。その考えにストレスを感じるなら、よく見つめてみるといいでしょう。

4つの質問と置き換えがスムーズにできるようになったら、自分自身について裁いても、同じようにパワフルな効果があることがわかるはずです。あなたが裁いている自分は、自分そのものではなく、自分についての考えです。他の人を裁いているとき、取り組んでいるのがその人についての自分の考えであるように。

4つの質問は、自分を裁く場合でも、まったく同じように使えます。例えば、「自分は敗北者だ」という文章の場合。まず、質問1と2の答えを心の中に探りましょう。「それは本当でしょうか?」、「自分が敗北者だということが本当であると、絶対言い切れますか?」。自分の配偶者や親、そして自分自身がそうだと言ったとしても、絶対そうだと言い切れますか？　自分はずっと、生きるべき人生を生き、すべきことをすべてしてきたという可能性はないでしょうか？

それから、質問3に移ります。「自分は敗北者だ」という考えを信じるとき、あなたがどのように反応するか、リストアップしてください。体でどのように感じますか？　自分をどう扱いますか？　人にどう接しますか？　具体的にどんなことをしますか？　具体的にどんなことを言いますか？　うなだれますか？　人にかみつきますか？　冷蔵庫の中にあるものに走りますか？　続けてリストアップしましょう。それから、質問4の答えを自分の中に見つけていきます。この考えが再び浮かんでくることがなければ、人生はどうなるでしょうか？　目を閉じ、イメージしてください。「私は敗北者だ」という考えがなければ、あなたはどうなりますか？

静かに見つめてみましょう。何が見えますか？

自分を裁く文章を置き換えることは、かなり衝撃的になりえます。内容を一八〇度反対にする置き換えをすると、「私は敗北者だ」は、「私は敗北者ではない」、あるいは「私は成功者だ」になります。この置き換えが原文と比べ、どの程度真実味があるか、感じてみてください。あなたが成功者だという根拠をリストアップし、隠れていた真実を明らかにしましょう。根拠を見つけるのが最初はかなり大変だという人もいるでしょう。ひとつ見つけるだけでも、四苦八苦するかもしれません。十分、時間をとってください。本当に真実が知りたければ、真実が明らかになるに任せてください。毎日、成功している証拠を三つ挙げましょう。ひとつ、「私は歯を磨いた」。二つ、「私はお皿を洗った」。三つ、「呼吸をした」でもいいのです。自覚しているかどうかを問わず、あるがままの自分であることに成功するということは、素晴らしいことです。

「私」という言葉を、「私の考えは」に置き換えることが、気づきをもたらすこともあります。「私は敗北者だ」は、「私の考えは敗北的だ。特に自分自身についての考えは」となります。質問4の答えを心の中で求めていくと、このことは明確になります。「私は敗北者だ」という考えがなければ、あなたはまったく問題ないのではないでしょうか。痛みをもたらすのは考えであり、あなたの人生ではありません。

置き換えには正解も不正解もありませんから、うまくいかなくても、心配せず、ただ、次の文章に進みましょう。真摯《しんし》に取り組んでいれば、置き換えの方があなたを見つけてくれます。

第8章 子供へのアプローチ

現実と闘うと負ける。
その可能性は、一〇〇%。

子供や一〇代の若者でもワークができるかという質問をよく受けます。もちろんです。問いかけのプロセスにおいては、考えに取り組みますが、八歳から八〇歳に至るまで、どんな年齢の人でも、ストレスとなる考えは似通っています。「お母さんに愛されたい」、「友達に話を聞いてもらいたい」、「人は意地悪してはいけない」といったように。年齢を問わず、思い込みが盲信にすぎないことを、問いかけを通して理解できます。

幼い子供たちにとっても、ワークが人生を変える体験となることがあります。現に、子供を対象とするワークショップを行った後、六歳の女の子が興奮しながら、「このワークはすごい！　なんで今まで誰も教えてくれなかったの？」と言っています。また、七歳の男の子が母親に向かって、「ワークって、世界一すごいね」という感想をもらしています。それを聞いた母親が、「ダニエル、ワークのどこがそんなに好きなの？」と興味津々で尋ねたところ、「怖いものがあったときに、ワークをしたら、怖くなくなったんだ」と答えました。

ただ、幼い子供たちに対するワークの際は、わかりやすい言葉を使うようにしています。理解できない言葉を使ったかもしれないときには、意味がわかったか、確認しています。理解できていないと感じると、別の表現を使って言い直します。けれども、赤ちゃん言葉は決して使いません。子供たちは、下に見られていると敏感に感じるものです。

五歳の女の子との対話の一部を、ご紹介しましょう。

ベッキー　［おびえた感じで、私を見ようとしない］「私のベッドの下には、怪物がいるの」

ケイティ　「『あなたのベッドの下には、怪物がいる』——それは本当？」

ベッキー　「うん」

ケイティ　「私を見てね。それは絶対本当って言える？」

ベッキー　「言える」

ケイティ　「証拠が見たいな。怪物を見たことがあるの？」

ベッキー　「バツが悪そうに微笑みを浮かべながら」「あるよ」
ケイティ　「本当に？」
ベッキー　「うん、本当」

子供が笑い始めたところで、問いかけへのウォーミング・アップ完了です。私は彼女に、「〜を信じなさい」、あるいは「信じてはだめ」、と無理強いすることはなく、怪物について楽しい話ができる相手として信頼され始めたのです。問いかけを通じて、怪物の特徴がはっきりしてきますから、子供に目を閉じて怪物に話すように言います。なぜベッドの下にいるのか、彼女から何がほしいのかを聞き出してもらうのです。

怪物やお化けを怖がっている子供たち一〇人以上にワークを行ってきましたが、彼らはいつも、怪物に対して思いやりのあること、例えば「さびしいって言ってるの」、「ただ遊びたいだけだって」、「私と一緒にいたがってるの」といったことを報告してくれます。この段階で再び、『あなたのベッドの下には、怪物がいる』――それは本当？」と質問すると、たいてい、子供たちにとってはもう怪物ではなく、私がそんなばかばかしいことを信じていることが面白いとでも言いたげに、笑いが絶えません。

こうなると、次の質問に進むのは簡単です。例えば、このように尋ねます。「『ベッドの下に怪物がいる』と考えながら、夜、ひとりぼっちで部屋にいるのはどんな気持ち？」。そうすると、「怖い。怖くなる」と答え、落ち着きをなくすことがよくあります。そこで、「夜、ベッドに横になっていて、『自分のベッドの下には怪物がいる』っていう考えがなくなったら、どうなると思う？」と問いかけます。「そしたら、大丈夫」という答えが返ってくることが多いのです。この時点で、私がこう言ってあげられるのは、とてもうれしいことです。「私があなたから教えてもらったことはね、その考えがないとあなたは怖くないけど、その考えがあると怖いということ。だから、あなたが怖がっているのは、怪物じゃなくて、考えだったのね。それがわかってよかったわ。私も怖くなるときがあれば、怖いのは考えだってわかるものね」

子供たちの親からはいつも、セッションの後は悪夢を見ないようになったという報告を受けます。それに子供たちは両親が勧めなくても、またワークを受けたがるそうです。問いかけの結果、理解を共有できているからです。

以前、両親の要望で、四歳の男の子、デイヴィッドとワークを行ったことがあります。彼が、まだ赤ん坊の妹、キャシーを傷つけることに執心しているようなので、精神科へ連れていったことがあるとのことでした。いつも息子の行動を把握していないと、機会さえあれば、親の前でも、妹をつついたり、引っ張ったり、つきとばしたりするのです。親は、深刻な障害をもっているのではないかと心配しながら、息子の怒りが日々増大していく様子に、途方にくれていました。

デイヴィッドとのセッションでは、私がワークシートの中からいくつかの質問をし、母親のセラピストが、答えを書きとめました。両親も別室でワークを行った後、戻ってきて、お互いについてのワークシートを子供の前で読み上げました。そうしてもらったのは、自分の気持ちを正直に表現しても、罰を受けることはないということを、デイヴィッドに理解してもらうためでした。

母親「私は、一日中おむつを取り替えるのに追われて、デイヴィッドともっと一緒にいてあげることができないから、赤ちゃんに対して怒っている。私は、パパが一日中仕事に忙しくて、おむつを替えるのを手伝ってくれないから、パパに対しても怒っている」

母親も父親も、お互いと赤ちゃんについて、息子の前でさらに批判をした後、デイヴィッドが自分の批判を読む番になりました。「僕は、キャシーとばかり過ごしているママを怒っている。僕は、あまり家にいないパパに怒っている」。ようやく、妹に対するデイヴィッドの考えを聞くことができたのです。

デイヴィッド　「キャシーが僕とボールで遊んでくれないから、怒っている。ボールで遊んでほしい。一日中寝ていないで、起きて、僕と遊ぶべきだ。僕と遊んでもらわなきゃ」

ケイティ　「『キャシーは、あなたと遊ぶべきだ』――それは本当？」

デイヴィッド　「うん」

ケイティ　「そう考えるとき、どんな気持ち？」

デイヴィッド　「頭にくる。僕と遊んでほしいんだ」

ケイティ　「赤ちゃんがあなたとボール遊びをすべきだというのは、どうやって教わったの？」

デイヴィッド　「ママとパパから」

両親は、その答えを聞くと、すぐにことの真相がわかりました。妊娠中、まもなく弟か妹が生まれ、ボール遊びをしてくれると、デイヴィッドに話し続けていたのです。親が伝え忘れていたことは、妹が走ったり、ボールを握れるようになるには、時間がかかるということでした。両親がこのことを説明し、謝ると、デイヴィッドは納得しました。その後は、妹をそっとしておくようになったのです。両親の報告によると、問題行動は消え、家族全員で明確なコミュニケーションを心がけることで、デイヴィッドは親に対する信頼を回復しつつあるそうです。

私は、子供たちとするワークが大好きです。大人が本当に自由になりたいと思うときのように、子供たちも問いかけに素直に入ってきます。

第9章 水面下のビリーフをつきとめる

「わからない」が、私の好きな立場。

ワークシートに書いた、誰かを裁く言葉の水面下には、何年も信じ込み、人生についての基本的な判断に使っている考えが潜んでいることがよくあります。私はこれを、「水面下のビリーフ」と呼んでいます。「水面下のビリーフ」は、「ストーリー」よりも広い概念で、無意識のうちに信じているものです。

例えば、「ジョージは、私たちが一緒に散歩に行けるように急ぐべきだ」といった、ささいなことに思える考えをワークシートに書いたとしましょう。それに対して問いかけをすることにより、「ジョージは、急ぐべきだ」という考えに関連する、いくつかの未検証の考えが浮き彫りになります。例を挙げましょう。

現在は、未来ほどいいものではない。
自分のやり方が通れば、私はもっと幸せだ。
時間を無駄にすることはありうる。

このような水面下のビリーフに執着すると、自分が待たされていたり、人の行動が遅すぎると思える状況では、ストレスになります。こうしたビリーフのうち、ひとつでも思い当たるところがあれば、次に人を待っているときに、あなたのいらだちの水面下にある考えについて書きとめることをお勧めします。そして、その考えが本当であるか、問いかけてみるとよいでしょう。

水面下のビリーフは、あなたにとって何がいいか、悪いかということについての考えを形づくっています。それは、自分のやり方が通るのであれば、どのように現実を改善すると考えているのか、また、自分の恐れが現実のものとなったら、どれだけ悪いものに映るかを正確に示してくれるのです。私たちが長年抱えてきた、痛みを伴うビリーフが崩れ、真実ではなく、まったく不必要だったということがわかるのは、信じられないほど解放的な体験です。

水面下のビリーフの例について、次のように挙げてみました。自分を制約していると思われる文章について、ワークを行うことができます。

人生は不公平だ。
何をすべきか、知る必要がある。
私には、あなたの痛みがわかる。
死は、悲しい。
チャンスを逃すということはありうる。
自分が苦しまなければ、気にかけていないということになる。
自分がよき人間でなければ、天罰が下る。
死後の世界は、存在する。
子供は親を好きであるべきだ。
悪いことが自分に起きるかもしれない。
親は子供の選択に責任をもっている。
間違いを犯すということはありうる。
この世に悪は存在する。

あなたが、家族や友人との会話で自己防衛的になっていると気づいたときや、自分が正しいと確信しているとき、水面下のビリーフについて書きとめ、ワークをするとよいでしょう。本当に真実を知りたい、そしてこうしたビリーフが引き起こす苦しみなしに生きたいと望むのなら、素晴らしい問いかけの材料になります。

水面下のビリーフを見つけるもっともよい方法のひとつは、質問1に対し、「真実の証拠」を書き出すことです。一足飛びに、本当は自分は何も知り得ないのだと気づくよりも、ストーリーにしばらくとどまりましょう。自分が書いたことは本当だと信じている状態のまま、それを証明してくれる理由をすべて書き出すのです。このリストから、多くの水面下のビリーフが明らかになります。それでは「真実の証拠」を使って、水面下のビリーフを発見するにはどうしたらいいか、例を挙げましょう。

水面下のビリーフを見つける

原文　私は、三人の子供、ボビー、ロス、ロクサーンのことを怒っている。なぜなら、私のことをあまり尊敬してくれないから。

【真実の証拠】

1 物を片づけなさいと言っても聞かない。
2 クライアントと電話で話しているときに、騒がしくしている。
3 私が大切にしていることをばかにする。
4 働いていても、トイレにいても、急にやってきて、すぐ対応することを要求する。
5 せっかく用意した食事を食べなかったり、喜ばない。
6 濡れた靴を脱がずに、家に入ってくる。
7 ひとりの子供に注意すると、他の子供たちがからかって、喧嘩になる。
8 友達と一緒のときに、私にいてほしくない。

【水面下のビリーフ】

1 物を片づけなさいと言っても聞かない。
子供は、大人を尊敬すべきだ。
人は、私を尊敬すべきだ。
人は、私の指示に従うべきだ。
私の指示は、他の人にとってベストだ。

人に無視されるということは、私は尊敬されていないということだ。

2　クライアントと電話で話しているときに、騒がしくしている。
すべてに関し、ふさわしい時と場所というものがある。
電話が鳴ったら静かにするだけの自制心を子供はもっているはずだ。
クライアントは、子供たちより重要だ。
私の子供について世間がどう思うか、気になる。
しつけを通じて、子供たちに尊敬してもらうことは可能だ。

3　私が大切にしていることをばかにする。
人は私を犠牲にして楽しんだり、幸せになるべきではない。
子供たちは、親が大切にしていることを尊重すべきだ。

4　働いていても、トイレにいても、急にやってきて、すぐ対応することを要求する。
頼みごとをするには、適当な時間というものがあるはずだ。
子供たちは、注意を向けてもらえるまで待つべきだ。

トイレは、立ち入り禁止の聖域である。
他の人は、私を幸せにする責任がある。

5

せっかく用意した食事を食べなかったり、喜ばない。
子供たちは、何を食べるかを自分で決めるべきではない。
私は、感謝される必要がある。
私の言う通りに、人の味覚は変わるべきだ。

6

濡れた靴を脱がずに、家に入ってくる。
私は、働きすぎなのに感謝されていない。
子供たちは、家のことを気にかけるべきだ。

7

ひとりの子供に注意すると、他の子供たちがからかって、喧嘩になる。
私には、喧嘩を引き起こす力がある。
喧嘩が起きるのは、私のせいだ。
親は、子供たちの行動に責任がある。

8　友達と一緒のときに、私にいてほしくない。
子供たちは、友達に接するのと同じように、親に接するべきだ。
子供たちは、感謝が足りない。

水面下のビリーフを発見したら、4つの質問を問いかけ、置き換えてください。自分を裁く場合と同様、もっとも核心をつくのは、内容を一八〇度反対にする置き換えであることが多いでしょう。水面下のビリーフをひとつでも明らかにできれば、関連する一連のビリーフが浮上し、それらに問いかけをすることが可能となります。
それでは、一般的な水面下のビリーフについて見ていきましょう。時間をかけて、自分自身に問いかけ、内なる声に耳を傾けてください。

水面下のビリーフに取り組む

これから取り組む、「私の人生には、目的があるはずだ」という水面下のビリーフの場合、一見すると、問いかけをしていくのは変だと思われるかもしれません。心の痛みや問題を引き起こすとは思えないからです。「私の人生には、目的がない」であれば、問いかけをするに値する痛みが感じられますが、この文章はそうではありません。しかし、見かけは肯定的なビリーフでも、否定的に思えるビリーフと同じくらい痛みを伴います。そして、置き換えたときの否定的に思える文章が、素晴らしい解放感をもたらしてくれます。

【水面下のビリーフ】　私には、人生の目的があるべきだ。

それは本当でしょうか？

――はい。

その考えが本当であると、絶対言い切れますか？

――いいえ。

そう考えるとき、私はどのように反応しますか？

――恐れを感じる。なぜなら、私は人生の目的を知っているべきなのに、そうではないからだ。そのせいで、胸と頭のあたりにストレスを感じる。夫と子供たちにきつく当たり、結局は食べ物に走ったり、寝室で何時間も何日もテレビにふける。人生を無駄にしている気がするし、自分がしていることは取るに足らないことで、何か大きなことをしなくてはと思う。ストレスはたまるし、混乱する。この考えを信じると、死ぬ前に自分の目的を完了しなくてはという大きなプレッシャーを感じる。いつ死ぬかわからないから、目的（それが何か、ヒントすらつかめていないのに）を、早く達成する必要があると思ってしまう。私は愚かな負け犬だと感じて、落ち込む。

『私には、人生の目的があるべきだ』という考えがなければ、私はどうなりますか？

――私には知りようがない。でも、その考えがなければ、もっと平和でまともだということはわかる。それはいい！　その考えについての恐れやストレスがなければ、おそらく解放され、元気になって、目の前のことをしているだけで十分に幸せだと思う。

置き換え

私には、人生の目的があるべきではない――要するに、今までの生き方で十分なのに、それに気がつかなかっただけということだ。もしかしたら、私は、あるがままの現実以外に人生の目的をもたなくていいのだ。少し奇妙な気もするが、どうも真実に近いように感じる。これまで生きてきた人生そのものが、目的ではないか？　そう思うと、ストレスがずっと軽くなるように感じる。

自分自身の水面下のビリーフに取り組む

それでは、ストレスの原因となっているあなた自身の水面下のビリーフについて書きとめ、問いかけを行っていきましょう。

それは本当でしょうか？　その考えが本当であると、絶対言い切れますか？

そう考えるとき、あなたはどのように反応しますか？（あなたの人生はどのくらい、その考えに基づいていますか？　その考えを信じているとき、あなたはどんなことをして、何を言っていますか？）

その考えを手放した方がいい理由は見当たりますか？（手放そうとしないでください）

その考えをもち続けてもストレスにならない理由はありますか？

その考えがなければ、あなたはどうなりますか？

水面下のビリーフを置き換えてください。

事例　お金に関する決断ができない女性

このケースは、人生のさまざまな領域に影響を与える水面下のビリーフにワークを行う好例です。ここで登場するルースという女性のように、心の準備ができていないのにものごとを決断しなければいけないと考えるなら、人生はやっかいな責任をずっと担い続けているように感じるでしょう。ルースはお金が問題だと考えていますが、そうではありません。探求していない考えこそが常に問題となるのです。

ルース　「『私は、お金についての決断を下すのが恐ろしく、パニックで動けなくなるくらいだ。買った株をそのままにしておくべきか、最近の不安定な市場を考えて売るべきか、その決断に私の将来がかかっている』」

ケイティ　「『あなたの将来は、あなたのお金にかかっている』――**それは本当でしょうか？**」

ルース　「いいえ。でもお金のこととなると、必死になってしまうんです」

ケイティ　「必死になるのも当然ね。『私の将来は、私のお金にかかっている』という考えが本当だと信じていて、自分自身に問いかけていないからです。それが本当かどうかはともかく、その考えを信じているとき、あなたはどのように反応し、どう日常生活を送っていますか？」

ルース　「パニック状態です。不安でたまりません。お金があるときは、もっと穏やかでいられるのですが、不安定になろうものなら、私はひどい状態になってしまいます」

ケイティ　「『私の将来は、投資したお金にかかっている』という**考えがなければ、あなたはどうなりますか？**」

ルース　「はるかにリラックスできて、体がそんなに緊張しないでしょう」

ケイティ　「その考えをもち続けても、ストレスやパニックにならない理由を挙げてください」

ルース　「ストレスにならない理由はありませんけど、お金について考えないようにすると、違う種類のストレスになります。自分が無責任になったような。だから、どちらにしても、うまくいかないんです」

ケイティ　「何かについて考えないなんて、ありえません。考えは、自然に浮かんでくるものです。なぜ、考えないことが無責任になるの？　たんに考えるか、考えないかのどちらか。考えが浮かぶか、浮かばないか。あなたが何年も、自分の考えはコントロールできると思ってきたというのは、驚くべきことね。風が吹くのを、あなたはコントロールできますか?」

ルース 「いいえ、できません」

ケイティ 「海はどうでしょう」

ルース 「無理です」

ケイティ 「そもそも、考えなければ、海も株式市場も存在しないんですから、夜、眠っていれば、責任のとりようがありませんね」[聴衆、笑う]

ルース 「私は、自分の考えをコントロールできません。何年も努力してきましたけど」

ケイティ 「それは、とても面白い発見ですね。考えは、コントロールするのではなく、理解するのがベストです。そうすれば、うまくいきます。理解できると、そこには多くのユーモアがあり、よく眠れます」

ルース 「確かに私にはユーモアが必要です」

ケイティ 「『このようなストレスを生む考えがなければ、あなたは正しい決断ができない』——**それは本当でしょうか?**」

ルース 「正反対のことが、本当のような気がします」

ケイティ 「それでは一八〇度置き換えたらどう感じるかを見ていきましょう。『私の将来は、投資したお金にかかっている』——**置き換え**はどうなりますか?」

ルース　『『私の将来は、投資したお金にかかっていない』』

ケイティ　「感じてみて。元の文章と同じくらい、真実味があるかもしれません。あなたが株で大成功を収め、使い切れないほどのお金が転がり込んだら、何が手に入ると思う？　幸せ？　それが、お金がほしい理由ではないでしょうか？　それでは、一生幸福でいられる近道を見つけましょう。『私の将来は、投資したお金にかかっている』というストーリーがなければ、**あなたはどうなりますか？**」

ルース　「私はずっと幸せですし、気が楽になります。周囲の人にとっても、私と一緒にいるのが楽しくなるでしょう」

ケイティ　「そうですね。投資で儲けたお金があってもなくてもね。あなたは、お金から得たいものすべてを、すでにもっているんです」

ルース　「それは……。その通りです」

ケイティ　「『私の将来は、投資したお金にかかっている』という考えをもち続けてもストレスにならない理由はありますか？」

ルース　「ありません」

ケイティ　「あなたが望むのは、平和で幸福な将来のはず。確かな幸福を感じているときは、金持ちでも貧乏でも関係ないでしょう？　これが、真の自由。もう思考に惑わされません」

ルース　「平和と幸福というのは、私の子供の頃のお祈りの文句でした」

ケイティ　「そうですか。平和と幸福を探し求めているからこそ、すでにもっているものに気づかなかったのね」

ルース　「そうですね。私はいつも将来の中に生きようとしていましたから。将来を安全で安心なものにしたかったんです」

ケイティ　「そう、無邪気な子供のようにね。私たちは、悪夢にとらわれているか、その悪夢を探求するかの二つにひとつしかないんです。考えは自然に浮かぶものであり、それをどうするかという話です」

ルース　「私たちは、問題に固執するか、探求するかのどちらかなんですか？」

ケイティ　「そうです。株式市場はあなたの思い通りにならない方がいいのよ［ルース、笑う］。あなたの人生に平和と真の幸福をもたらしてくれるならね。すべてはそのために存在していて、あなた自身が解決することを委ねてきます。思い通りに株で儲けて、幸せいっぱいになったとしても、それからどうするんでしょう？　それでも、人生は座ったり、立ったり、横になったりするだけ。そして、愛情深い母親が子供に接するかのように思考を理解しなければ、立ったり座ったりというシンプルなことをしていても、内なるストーリーが展開します。あなたがお金を儲けて、ほしかったものすべてを手に入れても、不幸のまま、今、この椅子に座っていることになるだけです。それでは、次の文章を見ていきましょう」

ルース　『私はどこに投資するか決断したくないが、人にも任せられない』」

ケイティ　『あなたはどこに投資するか決断しなければいけない』――**その考えが本当であると、絶対言い切れますか？**」

ルース　「いいえ。投資しないで様子を見ることもできますから。まったく手をつけなくてもいい。それがベストだという気持ちも強いです」

ケイティ　『あなたは、人生において決断する必要がある』――**それは本当でしょうか？**」

ルース　「必要だという気がしますが、話を伺っていると、よくわからないです」

ケイティ　「その考えを信じて執着しているから、必要だと感じるのではないですか？」

ルース　「そうですね」

ケイティ　「あなたは、自分が信じ込んでいることを問いかけたことがないんです。皆、思い込みです」

ルース　「決断しなくてもいいという考えは、素晴らしいですね」

ケイティ　「私の経験では、そうです。私は、決断しません。ちょうどいいときに『決断がなされる』ことを知っているから、気にしません。私のすべきことは、幸せな気持ちで待っていること。決断自体は、簡単。簡単ではないのは、決断に関するあなたのストーリーです。飛行機から飛び降りたのに、パラシュートのひもを引っ張って開かないと、恐怖におびえますよね。どうしてかというと、次に引くひものことを考えるからです。そして、開かないことだってありうる。それが最後の頼みだというのに。でも、もう決断しようがないんです。決断のないところには恐れがないから、空中の旅を楽しめるというわけ。それが、私の立場。私は、あるがままの現実を愛します。現実とは、引くべきひもがないということ。自由落下。私がすることは、何もないんです」

ルース　「今日ここに来るべきだということは、はっきりしていたんです。こうすべきか、考える必要はありませんでした。『都合がつくし、行きましょう』という感じで」

ケイティ　「その決断は、どうやってしたの？　自然になされたのでは？　少し前に、あなたは頭を動かしたけど、そうしようと決断したの？」

ルース　「いいえ」

ケイティ　「今、手を動かしたけど、決断してそうしたの？」

ルース　「違います」

ケイティ「違いますよね。『あなたは決断する必要がある』——**それは本当でしょうか？**　ものごとは、私たちの助けなしに進んでいくのではないでしょうか」

ルース「コントロールする必要を感じるのは、まともな感覚ではないんですね」

ケイティ「もし、あなたの決断でものごとが進んでいたら、神は必要ないでしょう？」［ルース、笑う］」

ルース「コントロールしたくないですけど、どうしたらそうせずに済むのかが、わからないんです」

ケイティ「こう考えてこう生きましょうというのは、現実の対極にあるから致命的です。それがストレスに感じるのは、たとえどんな恐ろしいストーリーを信じていようと、結局誰もが、現実を愛しているからなんです。ですから今、このカオスに見える状況の中に、平和を見つけましょう。それでは、『私は、決断する必要がある』という考えを信じているのに、決断できないとき、**あなたはどのように反応しますか？**」

ルース「ひどい状態です。とにかくひどいです」

ケイティ「それは決断するには、ふさわしくない状態ね。そんな状態では、やめるか進むかという決断さえもできません。わかりますよね。そして、決断したと思っても、あなたがそうしたという証拠はあるのでしょうか？　……それでは、『私は、決断する必要がある』という考えを信じても、ストレスにならない理由を挙げてください。あなたが決断していると考えるのをやめろと言っているわけではないですよ。このワークは、花が自然に開くような優しさをもつものです」

ルース　「実験として、しばらくの間、何の決断もしないようにしてみるのもいいでしょうか？　それって、変でしょうか？」

ケイティ　「どうでしょう。決断しないということは、それもひとつの決断ですからね。気をつけましょう」

ルース　「決断をしないことがどんな感じか、少しはわかります。私はコントロールしよう、実験しようとしてしまう傾向がありますけど」

ケイティ　「『私は、投資に関して決断する必要がある』という考えをもち続けてもストレスにならない理由はありますか？」

ルース　「何も思い浮かびません」

ケイティ　「『私は、決断する必要がある』という**考えがなければ、あなたはどうなりますか？**」

ルース　「心配性の私の母のようではなくなりますね。どんどんまともでなくなるということもありません。それに、周囲の人にとって、私があまりにも大変な存在なので、孤立せざるを得ないと感じることもないでしょう」

ケイティ　「あなたが問いかけを発見してくれて、本当にうれしいです」
ルース　「私は、どうやってもうまくいかないことに懸命になっていたんですね」
ケイティ　「『私は、決断する必要がある』——**置き換え**てください」
ルース　「『私は、決断する必要がない』」
ケイティ　「そうですね。決断はなされるものだという平和な状態でいれば、すべてがはっきり見えてきます。あなたがもっと内面を深めるのに必要なもの全部を、人生が与えてくれるんです。決断はなされるもの。決断してもしなくても、起こりうる最悪のものは、ストーリーなんです。いつ食事をして、眠って、行動するかという決断は、自然になされていきます。とても穏やかで、完全にうまくいきます」
ルース　「なるほど」
ケイティ　「次の文章に移りましょう」
ルース　「『私は、株式市場のお金の状態がこれほど不合理であってほしくない』——絶望的ですね。まったく」
ケイティ　「『株式市場のお金は、不合理な状態だ』——**置き換え**てください。『私の考えは、……』（訳注　主語が「誰か」ではなく、「何か」の場合、「私の考えは～」に置き換えることができます。後述の説明参照)」

ルース 「『私の考えは、不合理な状態だ』」

ケイティ 「お金をそのように見ているとき、あなたの考えは不合理で、恐ろしいものになります。『お金も株式市場も不合理な状態だ』——**それは本当でしょうか?**」

ルース 「いいえ」

ケイティ 「**そう考えるとき、あなたはどのように反応しますか?**」

ルース 「恐ろしいです。あまりにもおびえているので、体の感覚がなくなります」

ケイティ 「その考えを手放した方がいい理由が見当たりますか? 手放してくださいと言っているのではありません。手放すということはできません。できると思うかもしれませんが、その考えがまた現れて、以前と同じような、あるいはそれ以上の恐れをもたらすだけです。というのは、その考えに対する執着がさらに増すからです。ですから、私は単純に、『株式市場は、不合理な状態だ』という考えを手放した方がいい理由が見当たるかと聞いているのです」

ルース 「手放した方がいい理由はありますけど、手放す必要はないんですね?」

ケイティ 「その通りです。必要なのは気づきであって、何かを変えるわけではないんです。世界は、あなたが認識する通りのものです。私にとって、美しさを意味する言葉は、

『クリア』。それは、私そのもの。私がクリアであれば、見えるのは美しさだけ。もし、私がクリアでなければ、まともでない自分の内面を世界に投影させます。そして私には世界が狂って見え、世界が問題だと思うわけです。昔からずっと、私たちは映写された像に集中し、映写機に取り組んできませんでした。だから人生が混沌として見えるのです。それに気づかないまま、いつも逆の方向から解決しようとしてきました。それでは、あなたが見ている世界の混乱と苦しみを手放すことなんてできません。もともと自分がつくったものではないのですから。ところが、自分の考えを理解すると、世界は変わります。変わらざるを得ないんです。なぜなら、全世界を映している映写機は、あなたですから。あなた自身が解決策なんです。次の文章に進みましょう」

ルース　「『決断は、こんなにも困難で恐ろしいものであってはならない』」

ケイティ　「あなたが言ったように、自然に決断がなされる前に決断しようとすると、希望がありませんね。決断はおのずから下されるのであって、一瞬たりとも早くはなりません。いいことでしょう?」

ルース　「素晴らしいと思います」

ケイティ　「そうなんです。あなたが、『株について何かする必要があるな』と感じたときに、問いかけをすることをお勧めします。『**それは本当でしょうか？**　わかりようがない』というように。そしてプロセスに任せましょう。ただ情熱をもって勉強したり、インターネットを見ているうちに、適切なときに決断がなされます。それは素晴らしいことです。その決断の結果、あなたは損することもあるし、儲けるときもあります。なるべくして、そうなります。けれども、あなたが何かをすべきだと考え、自分がその行為者だと思っていると、それはまったくの思い込みです。自分の情熱に従ってください。自分が愛することをしてください。そして問いかけをし、幸せな人生を送ってください。最後の文章に行きましょう」

ルース　「『私は、株に投資したお金について、二度とパニックに陥りたくない』」

ケイティ　「『私は、〜しても構わない』の文章で**置き換えて**」

ルース　「『私は、株に投資したお金について、パニックになっても構わない』」

ケイティ　「『私は、〜楽しみにしている』という**置き換え**もやってみてください。可能性はありますから」

ルース　［笑いながら］「『私は、株に投資したお金についてパニックになることを楽しみにしている』」

ケイティ　「そうなれば、あなたはワークに取り組みますものね」

ルース　「そうしたいです」

ケイティ　「ストレスは友であり、目覚まし時計のように、ワークをする時間がやってきたことを教えてくれます。あなたはただ、自分が自由であることを忘れてしまっていただけ。探求することで、本来のあなたに戻れます。そして、常にリアルなものに気づくのです」

第10章 人以外を対象としたワーク

考えを手放すのではなく、理解することで、
考えが私を手放してくれる。

問いかけが不可能な考えや状況というものはありません。どんな人でも、どんな考えでも、どんなに問題に思えることでも、あなたを解放するために存在するのです。受け入れがたいことを感じたときは、問いかけをすることにより、その考えをもつ前の平和な状態に戻ることができます。

この世界が完全に心地よいということでなければ、ワークをしましょう。不快な気持ちや痛み、お金、世界のあらゆるものが、気づきのために存在するのです。

あなたが見ている世界はすべて、あなた自身の考えの投影です。ですから、自由であること

を望むのならば、批判し、問いかけ、置き換えて、自分を解放しましょう。怒りや恐れ、悲しみを味わってもいいのです。じっくり取り組んでストーリーを発見し、ワークを行いましょう。世界中のすべてのものに対してフレンドリーな気持ちを感じるまで、ワークは終わりではありません。

人を対象としたワークがうまくできるようになったら、世界の飢餓問題、官僚制度、政治、セックス、テロリズムなど、頭に浮かぶどんな不快な考えについても、問いかけをすることができます。自分が裁いた考えについて問いかけ、置き換えてみると、外にあると思っていた問題は、自分の思い込みにすぎなかったと気づきます。

人以外を対象として問いかけをしていく方法について、ご紹介しましょう。

「私の考えは……」に置き換える

何らかの課題についてワークシートに記入した場合、いつも通りにまず4つの質問をしてください。その上で置き換えをする際には、取り組む対象を適宜、「私の考えは……」という言葉に替えます。例えば、「私は戦争が嫌いだ。なぜなら、恐ろしいものだから」という文章は、「私は、私の考えが嫌いだ。なぜなら、恐ろしいものだから」、あるいは、「私は、特に戦争に関しての私の考えが嫌いだ。なぜなら、恐ろしいものだから」となります。元の文章と同じくらい、あるいはそれ以上に真実味があるのではないでしょうか。この置き換えの例を、次に三つほど挙げておきます。

例1　「私は、官僚に怒っている。なぜなら、私の生活を複雑にするから」

↓

置き換え　「私は、私の考えに怒っている。なぜなら、私の生活を複雑にするから」

例2　「私は、私の障害が嫌いだ。なぜなら、そのせいで人が私を避けるから」

↓

置き換え　「私は、私の考えが嫌いだ。なぜなら、そのせいで私が人を避けるから。私は、私の考えが嫌いだ。なぜなら、そのせいで自分のことを避けるから」

例3　「私は、セックスが優しく、愛情こもったものであってほしい」

↓

置き換え　「私は、私の考えが優しく、愛情こもったものであってほしい」

ストーリーを見つけにくいとき

気持ちが乱れているときは、不快な気持ちの背後にある考えを特定するのが難しいこともあるでしょう。どういった考えが自分を不快にしているのか、よくわからない場合には、次のやり方を試してみてください。

まず、六枚の白紙を用意し、並べます（次ページ以降の図を参考にしてください）。最初の一枚には、ページ番号「1」を記入し、冒頭に横書きで、次の言葉を並べます。「悲しい、失望している、恥ずかしい、困っている、恐れている、イライラしている、怒っている」。そしてその下に、「なぜなら、……」と書きます。次に、ページの中ほどに、「それは……ということです」と書きます。

さらに、二枚目にページ番号「2」を記入し、冒頭に、「私は〜に……してほしい（私は……したい）」と書きましょう。三枚目には、ページ番号「3」を記入し、冒頭に「〜は……すべきだ（すべきでない）」と書きます。四枚目に、ページ番号「4」を記入し、冒頭に「私は、……する必要がある」と記載。五枚目にはページ番号「5」を記入し、冒頭に「裁く」と書いてください。最後、六枚目にページ番号「6」を記入し、冒頭に「二度と……したくない」と書きましょう。

悲しい　失望している　恥ずかしい　困っている
恐れている　イライラしている　怒っている

なぜなら、＿＿＿＿＿＿＿＿＿＿＿＿＿＿＿＿＿＿＿＿

それは＿＿＿＿＿＿＿＿＿＿＿＿＿＿＿＿＿＿＿＿＿
ということです

1

私は＿＿＿＿＿に＿＿＿＿＿＿＿＿＿＿＿＿＿＿＿＿＿＿＿＿＿
してほしい
（私は＿＿＿＿＿＿＿＿＿＿＿＿＿＿＿＿＿＿＿＿＿したい）

2

________は____________________________________

________________________すべきだ（すべきでない）

3

私は、＿＿＿＿＿＿＿＿＿＿＿＿＿＿＿＿＿＿＿＿

する必要がある

4

裁く（不快な特徴）

5

二度と______________________________

したくない

6

六枚の紙を広げた上で、自分が不快に感じていることについて思い切り考え、不快感を高めましょう。すべてのページの中で、どのような考えが一番響くでしょうか。特にピンとこないようであれば、別の考えにするか、あえて極端に考えてみてください。できるだけ簡潔に、遠慮なく書いた方が効果的です。特定の順序に従う必要はありません。六枚の紙は、次のように使います。

1ページ

「事実」に思えることを「なぜなら、」の後に記入します。例えば、「彼女はお昼ご飯のデートに現れなかった。レストランで待たせながら、連絡すらしてこなかった」。それから、このことに関連する感情を、「悲しい」、「怒っている」などから選び、丸で囲みます。次に、「それは……ということです」という文章の後に、「事実」に対する解釈を書いていきます。最悪の事態を想定する考えも入れるようにしてください。例えば、「彼女は僕のことをもう愛していない」、「彼女は、別の男とつき合っている」というように。

2ページ

「私は〜に……してほしい（私は……したい）」という欲求をもっているときに使います。そうでない場合でも、問題の状況や人を具体的にこのように改善したいという気持ちを高めるために、このページを使いましょう。どうしたら、自分にとって完璧な状態になるでしょうか？

神様になったつもりで、完璧な状況を想像してみてください。例えば、「私は彼女に、必ず時間通りに来てほしい」とか、「私は、彼女が何をしているのか、四六時中正確に知りたい」というように（このページをいったん書き終えたら、本当に自分が望んでいることを書いたか、自問してみましょう。もしそうでなければ、ページの下の方に、自分が本当に望んでいることを書き出しましょう）。

3ページ

「〜は……すべきだ（すべきでない）」という形式の考えを記入します。すぐに思いつかない場合は、どうしたら自分にとって正義や秩序があると感じる状態を取り戻すことができるか、書いてください。「正しい」状況にしてくれる、あらゆる「べき」を書き出しましょう。

4ページ

「私は……する必要がある」という形で書きます。快適で、安心できる状況に戻すために必要なこととは？　つまり、幸せに生きるために必要なことは何かと言ってもいいでしょう。また、ものごとが本来あるべき状態であるために修正する必要があることとも言えます。例えば、「私は彼女に愛される必要がある」、あるいは、「私は仕事で成功する必要がある」となります。

このページにいくつか文章を記入した後、すべて必要《ニーズ》なことを満たしたら何を得るか、自分自身に問いかけ、ページの最後に記入しましょう。

5ページ

問題の人物や状況について、容赦ない批判をしてください。あなたを不快にしている特徴についてリストアップします。ワークシートの五番目の質問に対する答えと同じ形式です。

6ページ

問題の状況に関し、二度と体験したくない側面について、書き出してください。ワークシートの六番目の質問に対する答えと同じ形式です。


それでは、すべての文章の中で、特に感情が高ぶるものすべてに下線を引き、ひとつずつ、ワークを行ってください。それが終わったら、残りの文章についてもワークを行いましょう。

これらすべての作業が終わった上で、6ページの「二度と……したくない」で書いた文章について、「私は、……楽しみにしている」という置き換えに納得できなかったり、気になるストーリーがまだ残っているようなら、非常に効果的な次の方法をお勧めします。

《エクササイズ》

数枚の白紙、筆記用具、時計（もしくはタイマー）を用意します。そして、不快な気持ちに意識を集中し、それについて五分間、休むことなく、自由な形式で書き続けてください。やめたくなったら、再び続けようという気持ちになるまで、最後に書いた語句を繰り返し、書きます。

五分たったら読み返し、特に痛みや恥ずかしさを感じる語句に下線を引きます。そして、それらの語句を、先ほどの六枚の紙のうち、もっとも当てはまるものに記入します。その後、一晩ほど時間を置いてから、文章を読み返し、特に感情がこもっていると思われる文章すべてに下線を引いた上で、ワークを行いましょう。

第11章

体と依存についてのワーク

あなたが探しているものは、
決して外からは与えられない。

体というものは、考えたり、気にしたり、問題を抱えることはありません。また、自らを痛めつけたり、恥じ入らせたりすることもありません。体は、それ自体でバランスをとり、癒そうとするだけです。実に効率的で、知的で、優しさがあり、機知に富んでいます。つまり、考えがなければ、問題もありません。検証していない思い込みのストーリーこそが、混乱をもたらすのです。自分の痛みは、体のせいではありません。体についてのストーリーを探求していないために、体こそが問題であり、「〜さえ変われば幸せになれる」と信じ込んでいるのです。

ワークが扱うのは、私たちの考えです。自分が依存していると考えている対象ではありません。何かに対しての依存というものは存在しないのです。探求していない、瞬間的な考えへの執着があるだけです。

例えば、私は自分がタバコを吸おうが吸うまいが、気にしていません。自分にとっては、どちらかが正しく、どちらかが間違っているということではないのです。私は長年、チェーン・スモーカーでしたが、一九八六年の体験以降、パタリと吸わなくなりました。その後一一年間、タバコを手にしたことはなかったのですが、一九九七年にトルコへ旅行する機会があり、タクシーに乗ったときのことです。

運転手は地元の音楽をガンガン、ラジオから流しつつ、ずっとクラクションを鳴らして走り続けました（クラクションを鳴らすことは、現地では誰もがやっていることで、それは神の音楽のようなものなのです。本来は二車線なのに、六車線のように車が入り乱れ、お互いにクラクションを鳴らし合います。そしてすべてが、完璧な流れの中で起こっているのです）。しばらくすると運転手は、満面の笑みと共に私の方を振り向き、タバコを差し出します。ためらうことなく受け取ると、彼はマッチで火をつけてくれました。音楽とクラクションが大音響で鳴り響く中、私は後部座席に座り、タバコを吸いながら、一瞬一瞬を楽しみました。そして、自分がタバコを吸っても吸わなくても、オーケーだということに気づいたのです。あの素晴らしいタクシーでのできごと以来、タバコをまったく吸っていません。

依存というのは、「〜すべきだ」、「〜すべきでない」という考えを信じ込み、この瞬間の現実から離れることによって起きます。問いかけをせず、思い込んだ考えこそが、喫煙や飲酒の引き金となるのです。「〜すべきだ」、「〜すべきでない」という考えがなければ、あなたはどうなりますか？

アルコールが体に悪く、混乱や怒りを引き起こすと信じていれば、お酒を飲むのは、まるで病気を取り込んでいるようなもの。ですから、自分の考えに対して問いかけをするのは、飲酒をやめるためではなく、アルコールの影響についての混乱した考えに終止符を打つためにすぎません。そして本当にお酒を飲み続けたいと思っているのであれば、それが何をもたらすか、ただ気づいてください。哀れみも犠牲者意識もありません。最終的には楽しさもありません。二日酔いが残るだけです。

体が病気になれば、私は医者にかかります。私の体は医師の領域であり、私の考えは、私の領域です。落ち着いて考えることができれば、とるべき行動は非常に明確です。そうすると、体はとても楽しいものとなります。生きるか死ぬかということに多くのエネルギーを注ぐ必要がないからです。体は、あなたのイメージや思考の投影なのです。

一九八六年のある日、私はマッサージを受けているときに、突然全身麻痺に襲われました。それは靭帯、腱、筋肉がすべて極端にこわばり、わずかな動きさえできなくなりました。それにもかかわらず、私はまったく穏やかに楽しく過ごせたのです。なぜなら私には、体はこうあるべきだとかスムーズに動くべきだといったストーリーがなかったからです。確かに、「ああ、何てこと。動けない。ひどいことが起きている」という考えは浮かんできたのですが、自分の中に息づいていた問いかけにより、そうした考えに執着することはありませんでした。

そのときの問いかけのプロセスを、実際よりもゆっくり起きているかのように、言葉を使って説明しようと思えば、次のようになるでしょう。「あなたは、もう二度と歩くことができない。――それは本当でしょうか？」

考えが浮かんだとたん、４つの質問が素早く展開していきました。そして小一時間ほどたつと、麻痺していた体がリラックスし、一般的に正常とされる状態にまで回復し始めました。自分の考えが健康でありさえすれば、体が問題になることはありません。

事例１　心臓病を患っている女性

自分の体はもっといい状態になるべきだという考えを信じているとき、どのように生きることになるでしょうか。どう感じますか？「体が治れば、幸せになれる」、「私はもっとやせるべきだ」、「健康であるべきだ」、「美しくあるべきだ」、「若くあるべきだ」――こういう考えは、古くからある宗教のようなものです。自分の体があるがままの状態であってはいけないと信じ込んでしまうのは、自分の領域を離れることであり、正気の沙汰ではありません。

私は、体について考えなくてもいいと言っているわけではありません。そもそも、そんなことは不可能です。それよりも、あるがままの自分の体を大切にし、体についてのビリーフを紙に書きとめ、問いかけ、置き換えることをお勧めします。

ハリエット 『私は、自分の心臓に怒りを感じる。なぜなら、病んでいて、弱いから。すべての運動に制限がかかる上、いつ死んでも不思議ではない』」

ケイティ 「あなたの心臓が病んでいて、弱いというのは、**本当でしょうか？**」

ハリエット 「はい、遺伝なんです。両親と三人の祖父母が、心臓病で亡くなりました」

ケイティ 「ご両親が心臓病を抱えていたということで、恐怖を引き起こす信念体系をあなたが引き継いだように聞こえるんですけど。あなたに心臓病があることは、医師から告げられているんですね。今日は、自分自身に問いかけてもらいたいんです。『あなたは心臓病だと、**絶対言い切れますか？**』」

ハリエット 「えーと、それは……。いいえ、確信はありません。過去数分間のうちにも状態が変わっているかもしれませんからね」

ケイティ　「そうですね。確実なことは言えません。そして、心臓はこうであるべきとは言えませんね。あるがままでしかないですから。現実がいつも物語っています。『心臓が病んでいて、弱い』と**考えるとき、あなたはどのように反応しますか？**」

ハリエット　「怖くなります。行動を制限し、家の中にいて、活動的でなくなります。やりたいことができないので、落ち込みます。それに、心臓発作の痛みと恐怖を想像して、絶望的になります」

ケイティ　「あなたは絶望感にとらわれ、自分の考えに目を向けていないんですね。そこから恐れがくるんです。探求していない考えから。心臓を問題視し、外に解決を求めても、恐れしか得られません。『心臓が病んでいて、弱い』という**考えがなければ、あなたはどうなりますか？**」

ハリエット　「心が穏やかで、もっと自由にやりたいことができるはずです」

ケイティ　「それでは、『心臓』という言葉を、『考え』に置き換えてみましょう」

ハリエット　「私は、自分の考えに怒りを感じる。なぜなら、病んでいて、弱いから」

ケイティ　「自分の心臓に問題があると考えるときは、思考が病んで弱っているのです。あなたはその瞬間、まともでなくなります。つまり、自分の心臓はあるべき状態ではないと信じ込んでいるとき、思考が病んでいるんです。どうしてそれがわかるかというと、現実に反する考えをもっていると、調和が乱れて心臓がドキドキし始めるからです。体は、あなたが考えていることを見せてくれるのです。そのことを理解できるまで、心臓はあなたの師として、もっと優しい道を示し続けてくれます。次の文章を読んでください」

ハリエット　「『私は、私の心臓に完治してほしい』」

ケイティ　「**それは本当でしょうか？**　本当にそう？」

ハリエット　「それはそうです。〔少しの間〕うーん」

ケイティ　「興味深いでしょう？　『心臓は完治する必要がある』と、**絶対言い切れますか？**」

ハリエット　「そう思えるんですけど。〔少しの間〕いいえ、言い切ることはできないです」

ケイティ　「『心臓が正常ではないから、治す必要がある』という考えを信じているとき、**あなたはどのように反応しますか？**」

ハリエット　「いつもそのことを考えています。死について考えては、おびえています。あらゆる西洋医学と自然療法の選択肢について検討しようとするのですが、非常に混乱してしまいます。必死に答えを出そうとしてもできません」

ケイティ　「『私は、私の心臓に完治してほしい』というストーリーがなければ、**あなたはどう**

なりますか？」

ハリエット「ただ、自分の人生を生きるでしょう。今ほど怖がらずにすみます。医者の話も、もっと集中して聞けると思います。活動的であってもなくても、自分のすることを楽しめるでしょうし、先のことや死のことばかり考えることもないでしょう」

ケイティ「その通りですね。それでは、**置き換え**てみましょう」

ハリエット「私は、私の考えが完治してほしい」

ケイティ「元の文章と同じくらい、あるいはそれ以上の真実味がありませんか？　人間は、何千年もの間、体を治そうとしてきましたが、相変わらず病気になったり、年を取ったりして、死んでいきます。体は、過ぎ去っていくものなんです。そして、いかなる体も最終的には癒ることはありません。ですから、病気でも健康でも、あなたが望むのが心の平和ならば、唯一、癒すべきものは思考です。次の文章へ進みましょう」

ハリエット「『私の心臓は病んでいて、弱く、頼りにならず、私に制限をかけ、痛みをもたらす』」

ケイティ「**それは本当でしょうか？」**

ハリエット「いいえ。心臓をそのように見るときの私の考えも、弱く、病んでいて、頼りにならず、私に制限をかけ、痛みをもたらすのですから」

ケイティ　「あなたの心臓は不十分だと考えると、どんな気持ちになりますか？　どんな人の心臓も、あるがままの状態で完璧なんです」

ハリエット　「もし、心臓に痛みが走った場合、自分の心臓が完璧だと考えていたとしても、必要な行動がとれるものなんでしょうか？」

ケイティ　「もちろんです。問いかけを通じて、自分の考えをある程度理解すれば、恐れやパニックに陥らずに、落ち着いて救急車を呼ぶことができます。明確に自分の状況を説明したり、質問に答えることもできるでしょう。これまでもすべきことはわかっていました。それは変わりません。次の文章を見てみましょう」

ハリエット　「『私は、心臓のことをあきらめ、機能停止させたり、普通の活動的な生活を放棄したりするつもりはない』」

ケイティ　「心臓が止まったら、死んでしまうんですから、死ぬことは、他のあらゆることと同じで、選択するものではないんです。選択できるように見えてもね。最後の文章の**置き換え**は、どうなるでしょうか？」

ハリエット　「私は、私の心臓をあきらめても構わない」

ケイティ　「いいですね。心臓のことはあきらめて、医師に任せてください。あなたにとっては、自分の考えについて取り組む方が大事です。あなたの心臓も喜ぶはずです。**置き換え**を続けましょう」

ハリエット「私は、心臓が機能停止しても構わないし、普通の活動的な生活を放棄しても構わない」

ケイティ「ここで、最後の文章をもう一度読んでください。それぞれ、『私は〜することを楽しみにしている』という文章にしてみましょう」

ハリエット「私は、心臓のことをあきらめるのを楽しみにしている。機能を停止させるのを楽しみにしている。普通の活動的な生活を放棄するのを楽しみにしている」

ケイティ「自由な感じですね。医師のアドバイスを受け、おだやかで心を開いた状態でいたら何が起こるか、観察してください。やがて、あなたの体はあなたの領域ではなく、医師の領域だということがわかるでしょう。あなたが治す必要があるのは、この瞬間に出てくる誤ったビリーフだけです。ワークに取り組んでくれて、ありがとう」

娘の依存症をめぐる私の問いかけ

何百人ものアルコール依存症の方たちとのワークを通じて、皆、お酒に酔う以前に、自分の考えに酔っ払っているということに、いつも気づかされました。その多くの方から、ワークには、依存症の回復プログラムとして知られるＡＡ（アルコホリック・アノニマス、飲酒問題に取り組む自助グループ）の一二ステップのすべての要素があると言われます。

例えば、四番目と五番目のステップ、「恐れずに、徹底して、自分自身の棚卸しを行い」、「自分の過ちの本質をありのままに認めた」ですが、通常、多くの方がそうしたいと思いながら、具体的な方法がわからないのです。ワークは、その方法を明確に教えてくれます。「必ずしも飲酒に関してワークをする必要はありません。あなたがお酒が必要だと思ったときの直前の考えについて、ワークしてください。あの人について、あるいはあの状況について」と私はアドバイスしています。直前の考えこそ、あなたがアルコールで封じ込めようとしている考えなのです。問題なのは、探求していない考えであって、アルコールではありません。

私の娘のロクサーンは一六歳のとき、浴びるほどお酒を飲み、ドラッグにも手を出していました。彼女のそうした状態は、私が問いかけに目覚める一九八六年以前に始まっていたのですが、私自身がひどい鬱状態だったため、まったく気づいていませんでした。私の中で問いかけが生き始めてからは、彼女のふるまいとそれに対する自分の考えに気づくようになりました。

当時のロクサーンは毎晩、赤い新車のスポーツカーで出かけていました。私が行き先を尋ねようものなら、怖い顔で私をにらみ、玄関のドアをバタンと閉めて出ていきます。その娘の表情に、思い当たるところがありました。私をそんなふうに見るように教えたのは、他ならぬ自分なのです。私自身が何年もの間、そんな怖い表情をしていたのです。

私は問いかけを通して、娘を含むすべての人たちにとって、物静かな存在となり、話を聞くことを学びました。そして明け方近くまで、娘の帰りをじっと座って待っていたものでした。それはただ単純に、娘に会いたいという気持ちからです。私は、彼女がお酒を飲んでいることを知っていましたが、自分がどうこうできるものではないこともわかっていました。

私の頭に浮かんできたのは、次のような考えでした。「彼女はおそらく酔っ払い運転をしているから、事故に遭って帰らぬ人になるかもしれない。私は母親だし、車を買い与えたのも私だから、責任がある。彼女から車を取り上げるべきだ（でも彼女のものだから、取り上げることはできない）。酔っ払い運転をして、誰かを轢《ひ》いてしまうかもしれない。他の車や街灯の柱に衝突して、彼女も同乗者も死んでしまうかもしれない」――そんな考えが浮かんでは、それぞれに対して、言葉でも思考でもない問いかけがなされていきました。そして問いかけを行うと、私は即座に現実に戻ることができました。真実は何かというと、愛する娘の帰りを椅子に座って待っている母親です。

ある晩、ロクサーンは、週末三日間外出していた後に、ひどく悲惨な表情で家に戻ってきました。無防備な感じでした。彼女は、私が座っているのを見つけると、腕の中に崩れ落ちて言ったのです。「ママ、こんなこと、続けられない。お願い、助けて。ママがうちに来る人たちに何をしてあげているのか知らないけど、私にも同じことをして」。そこで、私たちは一緒にワークをし、彼女はAAに参加しました。

その日を最後に、娘はお酒もドラッグもやめました。問題を抱えていても、お酒もドラッグも、そして私も必要としなくなったのです。ただ問題を書き出し、4つの質問をして、置き換えるということをやっていました。幻想の苦しみを超えてものごとを見ることができるというのは、素晴らしい贈り物です。私の子供たち全員がワークを利用してくれていることを、うれしく思っています。

事例2　依存症の娘をもつ母

次は、シャーロットの事例です。娘の薬物依存（中毒）について思い悩んでいます。この事例を読み進めながら、自分は何に依存（中毒）しているだろうか、と考えてみてください。薬物やタバコとは限りません。自分のことを認めてほしい、関心を得たい、自分が正しいといったことかもしれません。自分の外に何かを求めるということがいかに痛みを伴うか、最終的にはわかるでしょう。

シャーロット　「『私は、娘の薬物依存について恐れている。なぜなら、娘の生命を脅かしているから』」

ケイティ　「**その考えが本当であると、絶対言い切れますか？**　本当ではないといっているのではなくて、ただ質問しているだけです。『薬物依存は、娘の生命を脅《おびや》かしている』——**その考えが本当であると、絶対言い切れますか？**」

シャーロット　「いいえ」

ケイティ　「『薬物依存は、娘の生命を脅かしている』と**考えるとき、あなたはどのように反応しますか？**」

シャーロット　「怒りが込み上げてきます」

ケイティ　「そう考えているとき、娘さんに何と言いますか？　どういうことをしますか？」

シャーロット　「彼女に対して批判的になり、寄せつけないようにします。娘のことを恐れます。そばにいてほしくありません」

ケイティ　「『薬物依存は、娘の生命を脅かしている』という考えがなければ、娘さんと一緒にいるあなたはどうなりますか？」

シャーロット　「もっとリラックスし、自分らしくいられると思います。娘に対して嫌な態度をとったり、すぐ反応することも少なくなるでしょう」

ケイティ　「私がワークを見つけたというより、ワークが私を見つけてくれたとき、私の娘も――彼女自身の言葉によれば――アルコール依存症で、薬物にも手を染めていました。でもそのとき、問いかけが私の中で息づいていたんです。『薬物依存は、娘の生命を脅かしている』――**その考えが本当であると、絶対言い切れますか？**　いいえ。このストーリーがなければ、私はどうなるか？――私は娘が生きている限り、全身全霊でそばにいて、愛するはず。過剰摂取で明日にも命を落としてしまうかもしれないけれど、今は私の腕の中にいるんだと。『薬物依存は、娘の生命を脅かしている』と考えるとき、あなたは娘さんにどう接しますか？」

シャーロット　「娘の姿を見たくないですし、そばにいてほしくないです」

ケイティ　「恐れがあるからですね。恐れというのは、私たちが悪夢にとらわれているときに体験するものなんです。『薬物依存は、娘の生命を脅かしている』――**置き換え**てみましょう。主語が人間ではなく、薬物のような事物の場合、『私の考えは……』に置き換えます」

シャーロット　「私の考えは、娘の生命を脅かしている」

ケイティ　「もうひとつ、**置き換え**があります。『私の考えは……』」

シャーロット　「私の考えは、私の生命を脅かしている」
ケイティ　「そうですね」
シャーロット　「私の考えは、娘との関係を脅かしている」
ケイティ　「娘さんは過剰摂取、あなたは過剰思考で生命が脅かされている。娘さんの方があなたよりずっと長生きできるかもしれませんね」
シャーロット　「そうですね。私はストレスで参っています」
ケイティ　「娘さんもあなたもフラフラなのね。私も体験しました」
シャーロット　「娘が薬物を使っているのがわかると、本当に苦しいです」
ケイティ　「『彼女は、使っている』――**置き換え**てみましょう」
シャーロット　「私は、使っている？」
ケイティ　「そう、あなたは中毒状態に留まるために娘さんを使っているんです。彼女は薬物を使い、あなたは彼女を使う――どんな違いがあるでしょう？」
シャーロット　「それは……」
ケイティ　「次の文章を見てみましょう」
シャーロット　「『私は、娘のリンダの薬物依存が腹立たしく、悲しい。なぜなら、孫のデビーの生命も危険にさらしていると感じるから』」

ケイティ　「ということは、あなたは何かが起きて、デビーが死んでしまうと思っているのね？」

シャーロット　「性的虐待を受けるとか……」

ケイティ　「つまり、娘さんの薬物依存のせいで、お孫さんの身にも恐ろしいことが起こり得るわけね」

シャーロット　「ええ」

ケイティ　「**それは本当でしょうか？**　本当ではないと言っているわけではありませんよ。ただの質問で、特別な動機はありません。あなたの苦しみを終わらせることに関係しているだけです。**その考えが本当であると、絶対言い切れますか？**」

シャーロット　「いいえ。言い切れません」

ケイティ　「**そう考えるとき、あなたはどのように反応しますか？**」

シャーロット　「えーと、私はこの二日間というもの、ほとんど泣き暮らしています。四八時間寝ていません。恐ろしい思いをしています」

ケイティ　「では、その考えをもち続けてもストレスにならない理由を挙げてください」

シャーロット　「ありません」

ケイティ　「『私の娘の薬物依存は、孫の生命も危険にさらしている』――**置き換え**てみましょう。『私の思考依存は、……』」

シャーロット　「私の思考依存は、私の生命を危険にさらしている――それは言えます」

ケイティ　「『私の薬物依存は、……』続けてください」

シャーロット　「私の薬物依存は、私の生命を危険にさらしている？」

ケイティ　「そうです。あなたが依存している薬物は、娘さん」

シャーロット　「まぁ！　でも、わかる気がします。娘という薬物に依存しているということは、彼女の領域に入り込みすぎているんですね」

ケイティ　「そうです。娘さんは薬物に依存していて、あなたは頭の中で彼女の人生を管理することに依存しているの。つまり、あなたの薬物は、娘さんなんです」

シャーロット　「わかりました」

ケイティ　「頭の中で子供たちの領域に入り込むことは、まともではありません」

シャーロット　「赤ん坊のことでもですか？」

ケイティ　「『娘は、赤ん坊の世話をすべきだ』――**置き換え**てみましょう」

シャーロット　「私は、赤ん坊の世話をすべきだ？」

ケイティ　「そうです。あなたがやるんです」

シャーロット「えっ。私がすべきなんですか？」

ケイティ「どう思いますか？　あなたによれば、娘さんにはできないんですよね？」

シャーロット「うーん、私はすでに、他の娘の子供たち三人も生まれたときから世話してきているので……」

ケイティ「それでは、四人目ですね。五人でも千人でも育てましょうよ。世界中に飢えた子供たちがいるんだから。何を迷うことがあるの？」

シャーロット「私が娘の代わりに子供を育ててしまうと、彼女の薬物依存を助長し、結局は死に追いやってしまうのではないかと心配なんです」

ケイティ「だから赤ちゃんを世話することが問題なのね？　娘さんにとっても大変さは同じです。あなたは、自分ができる限りのことはしているの？」

シャーロット「はい」

ケイティ「そうでしょうね。『娘は、どうにかすべきだ』という考えが浮かんだら、**置き換え**てください。『私は、どうにかすべきだ』となります。あなたができないとしたら、娘さんもそうなのです。つまり、娘さんが『できない』と言ったら、あなたは理解できるはずです。けれどもあなたが自分の考えを探求しないまま、娘さんに腹を立ててしまうと、二人とも中毒状態に陥り、あなたは彼女にまっとうでないことを教えることになります」

シャーロット　「なるほど」

ケイティ　「『薬物依存は、デビーの生命を危険にさらしている』――**置き換えて**みて」

シャーロット　「娘の薬物依存についての私の考えは、私の生命を危険にさらしている」

ケイティ　「そうなりますね」

シャーロット　「それは絶対にそうだと言えます」

ケイティ　「娘さんの薬物依存は、誰の領域のことですか？」

シャーロット　「娘のです」

ケイティ　「あなたの薬物依存は？」

シャーロット　「私の領域です」

ケイティ　「自分の領域に取り組みましょう。次の文章に移ります」

シャーロット　「『娘の薬物依存は、彼女の人生を台無しにしている』」

ケイティ　「長い目で見たとき、『娘の薬物依存は、彼女の人生を台無しにしている』という考**えが本当であると、絶対言い切れますか？**」

シャーロット　「いいえ」

ケイティ　「わかり始めてきたでしょう？　答えてくれて、うれしいです。一九八六年に私が娘についてワークをしたとき、あなたと同じ答えを見つけるのに、自分の中を深く掘り下げなければいけなかったんです。そして私の娘の人生は、依存症のおかげで、豊かなものとなりました。そもそも何がいいことなのか、私には知りようがないということです。ただ、あるがままの現実を見ることにより、まっとうで愛情のこもった行動をとることができます。そして人生はいつも完璧に美しいんです。たとえ娘が死んでも、同じ見方をするでしょう。自分をごまかすことはできません。本当に真実を知る必要があるんです。私たちは今までずっと、娘に気づかせようとしてきたから、これからは自分自身の気づきに焦点を当てましょう。それでは、文章をもう一度読んでみてください」

シャーロット 「『娘の薬物依存は、彼女の人生を台無しにしている』」

ケイティ 「そう考えるとき、あなたはどのように反応しますか？」

シャーロット 「絶望的です」

ケイティ 「絶望的だと感じているとき、あなたはどんな生き方をしていますか？」

シャーロット 「生きている感じがしないです」

ケイティ 「この考えを手放す理由は、見当たりますか？」

シャーロット 「はい」

ケイティ「この考えがない状態で人生を送れば、あなたはどうなりますか?」

シャーロット「明らかに、もっといい母親になれます」

ケイティ「いいですね。私があなたと話してわかったことは、『娘の薬物依存は、彼女の人生を台無しにしている』という考えがあるとき、あなたは苦しむ。その考えがなければ、あなたはもっとよい母親になれるということ。それでは、あなたの問題について、娘さんはどう関係しているんでしょうか。まったく関係していません。娘さんが問題だと考えるとしたら、ぜひワークに取り組んでください。彼女は、あなたにとって完璧な娘なんです。なぜなら、あなたが現実とは何か、ヒントをつかむまで、探求していないすべての考えをもち出してくるんですから。それが、娘さんの役目なんです。すべてのものに、それぞれの役目があるようにね。このキャンドルの役目は燃えることだし、このバラの役目は、花を咲かせること。娘さんの役目は、薬物を使用すること。私の役目は今、お茶を飲むこと。[お茶を一口飲む]そしてあなたが理解したとき、娘さんも続いて理解するでしょう。それが、法則。なぜなら、娘さんはあなたの投影だからです。あなたの心が地獄なら、娘さんも地獄。あなたの心が平和なら、娘さんも平和というわけです。次の文章に行きましょう」

シャーロット「今となってはバカみたいですけど。読むべきでしょうか？」

ケイティ「読んでみてください。考えというのは、また現れるものですから」

シャーロット「『私は、娘の薬物依存に対して怒り、混乱し、悲しみ、恐れている。なぜなら、私にひどい苦しみをもたらすから』」

ケイティ「**置き換え**てください」

シャーロット「娘についての私の考えが、ひどい苦しみをもたらす。そうですね」

ケイティ「そう。娘さんは、あなたの苦しみには関係ないんです」

シャーロット「うーん。それは絶対に本当です。実感できます」

ケイティ「私は、皆さんが気づいてくれるととてもうれしいんです。子供たちや親やパートナーの純真さに気がつくと、自分自身の純真さにも気がつくからです。このワークは、一〇〇%許すためのものです。それこそあなたが望んでいることですし、あなたの本質なんです。次の文章に進みましょう」

シャーロット「『私は、娘の薬物依存が恐ろしい。なぜなら、彼女の性格を変えてしまうから』」

ケイティ「**置き換え**て。『私は、私の考えが恐ろしい……』」

シャーロット「私は、私の考えが恐ろしい。なぜなら、娘の性格を変えてしまうから？」

ケイティ　「なるほど。それでは、『私の性格を変えてしまうから』と言ってみて」

シャーロット　「私の性格を変えてしまうから――はい、わかります」

ケイティ　「その結果、娘の性格も変えてしまう」

シャーロット　「その結果、娘の性格も変えてしまう」

ケイティ　「問題があるとき、自分自身に目を向けるのが最後になるのは、面白いと思いませんか？　やり方がわからないと、いつも映写機のレンズを掃除しないで、投影された映像を直そうとするんです」

シャーロット　「そうですね」

ケイティ　「それでは、文章全体を言ってください」

シャーロット　「私は、私の考えが恐ろしい。なぜなら、私の性格を変えてしまうから」

ケイティ　「感じてみてください」

シャーロット　「なるほど！　私は、私の考えが恐ろしい。なぜなら、私の性格を変えてしまうから。そうすると、娘のことも見えなくなってしまう。それなんですね！　私は、私の考えが恐ろしい。なぜなら、私の性格を変えてしまうから。そして自分のことも、娘のことも見えなくなってしまう」

ケイティ　「娘さんに怒った後で、こんなふうに思ったことはない？『何で娘にあんなこと言えるんだろう？』『なぜ、娘を傷つけているんだろうか？』『娘は私の人生そのもので、こんなに愛しているのに、娘に対する扱いときたら、まるで……』」

シャーロット　「まるで、クズのよう。自分が別人になったみたいです。娘が薬物を使用していると、私はとても嫌な態度をとるんです」

ケイティ　「あなたは娘さんという薬物を使用しているんですから、これ以上あなたを苦しめるものは他にないでしょう？　親が私に電話してきて、『うちの子供が薬物依存で問題なんです』と言います。自分に問題があるとは思っていないんです。でも多くの場合、子供たちは、何とかやっています。少なくとも親よりも問題があるということはありません。あなたの考えが明確になれば、娘さんもそうなるでしょう。あなたが道を指し示しているんです。次の文章を見ていきましょう」

シャーロット　「『私は、娘の薬物依存に怒っている。なぜなら、薬物を使用しているとき、私は彼女を恐れているからだ』」

ケイティ　「**置き換え**てください」

シャーロット　「私は、私の薬物依存に怒っている。なぜならそのとき、自分自身を恐れているからだ。これは、娘が私の前に現れて、薬物を使用しているときに起こることそのものです。娘に対する私自身の行動を恐れているのです」

ケイティ　「『あなたは、彼女を恐れている』——**それは本当でしょうか？**」

シャーロット　「いいえ」

ケイティ　「『彼女を恐れている』と考えるとき、**あなたはどのように反応し、**娘さんとどう接していますか？」

シャーロット　「怒り、不安定になり、攻撃的で、とくに心を閉ざすことがよくあります」

ケイティ　「家に有害なものが入ってきたみたいに？」

シャーロット　「その通りです」

ケイティ　「娘さんはあなたの最愛の子供なのに、敵視している。それこそ、探求していない考えがもつパワーなんです。悪夢のパワー。考えたことを実現せずにいられないの。あなたが『私は、娘を恐れている』と考えると、まさにそれを実現せずにいられないんです。けれども、あなたが『私は、彼女を恐れている』という考えに対して、『それは本当？』と探求すると、悪夢は消えます。娘さんが家に入ってきたとき、『私は、娘を恐れている』という考えが浮かんでも、それを信じなければ、恐れが笑いに変わります。そして、ただ娘さんを抱きしめ、彼女が彼女自身を恐れているということに耳を傾けてあげてください。娘さんは教えてくれるでしょう。今、あなたの家では、恐れを教える人はいるけれど、話を聞いてくれる人はいないんです。それも無理からぬこと。今まで、あなたは自分の考えが真実かどうか、自問したことがなかったのですから。次の文章に進みましょう」

シャーロット　『娘が薬物を使用しているとき、私から離れていてもらう必要がある』」

ケイティ　「**それは本当でしょうか？**　本当ではないと言っているわけではないんですよ」

シャーロット　「本当だと感じます」

ケイティ　「娘さんは薬物を使用しているとき、あなたのところへやってくるんですか？」

シャーロット　「いいえ、今はそういうことはなくなりました」

ケイティ　「現実というのは、あなたが必要としている通りになるのです。それは確実です。私の娘がこないなら、私が彼女を必要としていないことがわかります。娘がくるなら、私が彼女を必要としていることがわかるのです」

シャーロット　「娘がくると、私はひどい扱いをしています」

ケイティ　「それでは、前の文章を**置き換え**てみましょう」

シャーロット　「『私が薬物を使用しているとき、私は私から離れていてもらう必要がある』――これは本当です」

ケイティ　「あなたが娘さんという薬物に中毒しているとき、自分自身から離れるひとつの方法は、娘さんについて裁く考えを書き出し、4つの質問と置き換えをすることです。そうすれば、恐れを抱き、怒っているあなたから、本来の美しい存在に戻ることができます。それは、娘さんにもしてもらいたいことだから、あなたにはできるはず。これは一生かかる作業ですが、あなたは自分自身に取り組んでいるときの方が、ずっとパワフルです」

シャーロット　「そうすると、娘が薬物を使用していてもいなくても、そばにいてほしいと思うでしょうね」

ケイティ　「私にはわかりません」

シャーロット　「少なくとも、娘が薬物を使っているときに、そばにいてあげることができる気がします。心を閉ざすのではなく」

ケイティ　「その方がお二人にとって、心の痛みが相当やわらぐかもしれませんね」

シャーロット　「そうですね」

ケイティ　「それに気づいていただいて素晴らしいです。いいワークでした」

第12章 最悪の状況を友とする

すべては私に対して起こっているのではなく、
私のために起こっている。

ワークは、戦争やナチの強制収容所での拷問、レイプ、子供の死といった経験をした方たちのお役にも立ってきました。大半の人々は、こうした極限の苦しみを受容すること、ましてや無条件の愛によって受けとめることなど、人間として不可能だと考えています。ところが、そうしたことは可能であるどころか、人間の本質でもあるのです。

起こりうる最悪のことは、探求していない信念体系です。そして多くの人たちが最悪だと考えているものは、死です。死んでいくプロセスばかりでなく、死後も苦しみが大きいはずだと思っていることがよくあります。

死を間近にした多くの方々をサポートしてきましたが、ワークが終わるといつも皆、いい感じだと語ります。死を間近にし、とてもおびえていたガン患者の女性とのワークも、はっきり覚えています。そばにいてほしいという要望を受けて出向いた私は、彼女の横に座って話しかけました。「問題なさそうですね」と。すると彼女は、「問題ない？　じゃあ、見せてあげるわ」と言って、毛布をめくりました。彼女の片足は、もう一方の足の二倍ほどに腫れています。私はよく見ましたが、まだ問題がわかりません。「これが見えないの？　両足を比べてみてよ」。そこで私は、「ああ、今、わかりました。あなたは、こっちの足が、もう片方と同じに見えるべきだという考えに悩んでいるんですね。その考えがなければ、あなたはどうなりますか？」

それで彼女は、私の言いたいことがわかりました。笑い出し、恐怖感が抜けていきました。こんなに幸せな気分になったことは、今までなかったそうです。

ホスピスにも一度、死を間近にした女性を訪ねたことがあります。病室に入ると、昼寝していたので、目を開けるまでベッドの傍らに座っていました。そして私は彼女の手をとり、数分間、次のような会話をしました。

女性　「とても怖いんです。どのように死んだらいいのか、わからない」

ケイティ　「それは本当？」

女性　「ええ、どうしていいか、わからないんです」

ケイティ　「私が病室に着いたとき、昼寝していたけど、どうやって昼寝するか、知ってる？」

女性　「もちろん」

ケイティ　「毎晩、あなたは目を閉じて眠りにつきますよね。人は眠ることを楽しみにしている。死もそういうものなの。あなたの信念体系が別のことを教えるのでなければ、死は眠りと大して変わりません」

女性　「死後の世界を信じているんですが、たどりついたら、何をしていいかわからないでしょうね」

ケイティ　「しなければいけないことがあるって、あなたは確信できるの？」

女性　「たぶんそうではないでしょうね」

ケイティ　「何も知らなくても、いつだって大丈夫。あなたが必要としているものはすべてあるから、考えなくていいの。あなたがすべきことは、必要なときに昼寝をすること。目が覚めたとき、やるべきことは自ずとわかるものです」

当然ながら、私が話していたのは死後のことではなく、生きることについてです。そして二番目の質問にいき、「どのように死んだらいいか、わからないというのは、本当であると、絶対言い切れますか?」と聞くと、彼女は笑い出して、自分のストーリーと共にいるより、私と過ごす方がいいと言ってくれました。どんなに楽しいことでしょう、私たちが今いるところ以外に、どこにも行くところがないというのは。

私たちは、肉体の死を恐れていると思っていますが、本当に恐れているのは、アイデンティティの死です。問いかけを通じて、死もアイデンティティも考えにすぎないことを知り、本来の私たちに目覚めます。これが恐れの終焉《しゅうえん》です。

死のストーリーに取り組むのは、大変勇気がいります。子供を亡くした親や親戚は特にストーリーに執着しますが、それももっともです。悲しみを置いて前に進むこともそうですが、悲しみについて探求することさえ、死んだ子供への裏切りのように感じることがあります。大半の人にとっては、ものごとを別の角度から見る準備ができていませんが、それももっともなことです。

死は悲しい。子供は死ぬべきではない。死とはこういうものだ。そんな次から次へと浮かんでくる考えを、神に教えようとしているのは誰ですか? あなたですか? よかったら、探求してみましょう。そして、現実との闘いを終わらせることが可能か、見てみましょう。

事例　甥を亡くした女性

ゲイル　「つい最近亡くなった甥のサムのことです。とても仲がよかったんです。彼の子育てにもかかわりました」

ケイティ　「わかりました。書いた文章を読んでください」

ゲイル　「『私は、サムが死んでしまったことに対して、怒っている。サムが帰ってこないことに怒っている。サムがあんな愚かな危険を冒したことが腹立たしい。二〇歳という若さで、あっという間に死んでしまったことに怒りを感じる。サムが山で足を滑らせ、一八メートルも転落したことに怒っている。サムに、戻ってきてもらう必要がある。サムに、もっと気をつけてほしかった。サムが大丈夫だということを知りたい。私は、サムが一八メートルも落ちて頭を打ったという光景を消し去りたい。サムは、この世界に残るべきだった』」

ケイティ　「『サムは、この世界に残るべきだった』――**それは本当でしょうか？**　これは、私たちにとって、宗教のようなものね。心の支えにしているけれど、検証のしかたがわからずにいるビリーフです。［聴衆に向かって］皆さんも、離婚した相手や亡くなった人や、ひとり立ちした子供について、自問してみてください。『あの人は、残るべきだった』――**それは本当でしょうか？**というように。［ゲイルに］もう一度、読んでください」

ゲイル　「『サムは、この世界に残るべきだった』」

ケイティ　「**それは本当でしょうか？**　現実はどうですか？　彼は、そうしてくれるの？」

ゲイル　「いいえ。彼は、去っていきました。死んだんです」

ケイティ　「この現実に反する考えを抱いているとき、**あなたはどのように反応しますか？**」

ゲイル　「疲労感に襲われ、悲しいです。分離した感じ」

ケイティ　「現実に抵抗すると、そう感じるものなんです。ひどいストレスになります。私が現実を愛するのは、スピリチュアルだからということではなくて、抵抗すると傷つくから。一〇〇％私の負けだということに気づきます。絶望的です。考えを吟味することがなければ、お墓にまでもっていくことになります。そうした考えこそ、自らを葬るお墓なのです」

ゲイル　「そう考えているときは、いつもストレスを感じています」

ケイティ　「**その考えがなければ、あなたはどうなりますか？**」

ゲイル　「幸せな気持ちに戻れると思います」

ケイティ　「だからこそ、あなたはサムに生きていてほしいのね。『もし、彼が生きていれば、私は幸せでしょう』――あなたの幸せのために彼を利用しているということになりますね」

ゲイル 「そうなりますね」

ケイティ 「人間は生きて、死んでいきます。いつもちょうどいいときで、一瞬たりとも狂いはないものなの。ストーリーがなければ、**あなたはどうなりますか？**」

ゲイル 「自分の人生をしっかり生きて、サムにも好きなようにさせてあげるでしょう」

ケイティ 「彼にとって適切なタイミングで、死なせてあげることもできますか？」

ゲイル 「はい。私に選択肢があればの話ですけど。私は、今ある人生を生きて……」

ケイティ 「お墓にいるよりもね。頭の中で、何度もサムと一緒に転落することもないわね」

ゲイル 「はい」

ケイティ 「あなたのストーリーである、『サムは、残るべきだ』を**置き換え**てください」

ゲイル 「私は、残るべきだ」

ケイティ 「そうね。サムは死ぬべきではなかったというあなたのストーリーは、精神的に自分自身をサムが転落した断崖から突き落としているの。そうではなく、彼の領域に入らないようにすべきだということ。できると思うけど」

ゲイル 「わかりました」

ケイティ　「ここに残るというのは、こういうことよ。友人と時間を過ごし、自分自身の人生を生きるんです。精神的に何度も何度も断崖へ行って、サムが落ちる姿を見ないことです。『サムは、残るべきだ』の別の**置き換え**があるけれど、見つかりますか？」

ゲイル　「サムは、残るべきではない」

ケイティ　「そうね。あなたの知っているサムは亡くなってしまった。支配しているのは現実で、私たちの選択や許可や意見を待ってくれないということに、気づいていましたか？　私が現実について一番好きな点は、それが常に過去の話として終わってしまうところ。私はもう、正気を失って現実に抵抗するようなことはないの。現実に抵抗すると、自分の中に思いやりがなくなったように感じられます。ありのままの現実こそが愛だということに気がつきましょう。どうしてサムが人生をまっとうしたことが私にわかるかというと、彼は、最後まで生きたから。この最後というのは、あなたが期待した通りではなく、現実です。現実と闘えば、傷つくの。現実を両手を広げて受け入れられるようになれば、もっと正直な感じがしない？　そして、闘いは終わる」

ゲイル　「わかります」

ケイティ　「次の文章を見ていきましょう」

ゲイル　「『サムに戻ってきてもらう必要がある』」

ケイティ　「いいですね。**それは本当でしょうか？**」

ゲイル　「いいえ」

ケイティ　「そうですね。ただのストーリーで、偽り。［聴衆に向かって］私が、偽りと言ったた理由は、ゲイルに『それは本当でしょうか？』と聞いて、彼女がいいえと言ったからです。［ゲイルに］『サムに戻ってきてもらう必要がある』と考えているのに、そうしてくれないと、**あなたはどのように反応しますか？**」

ゲイル　「心を閉ざしてしまいます。不安で、落ち込みます」

ケイティ　「『サムに戻ってきてもらう必要がある』という**考えがなければ、あなたはどうなりますか？**」

ゲイル　「私自身が戻ってきますね。生き生きとした感じを取り戻し、目の前のことにつながりを感じます」

ケイティ　「そう、サムが生きていたときのように感じるでしょう」

ゲイル　「本当にそうですね。彼を手放せば、自分が望んでいたものを得ることができるんですね。彼が必要だと考えることで、かえって、望むものが得られなくなっていたんです」

ケイティ　「『サムに戻ってきてもらう必要がある』――**置き換えて**」

ゲイル　「私は、私自身に戻ってきてもらう必要がある」

ケイティ　「**置き換え**は、他にもありますか？」

ゲイル　「サムに戻ってきてもらう必要はない」

ケイティ　「そうですね。あなたは、繰り返し断崖に行っては、サムと一緒に転落しています。『サムにあんなことをしてほしくなかった』と何度も何度も考えているんです。頭の中で繰り返しているのは、あなたですよ。ですから、あなたが助けを必要とするなら、置き換えをしてみてください。次の文章を見ていきましょう」

ゲイル　「『私は、サムがまったくいい状態で、安らかであることを知る必要がある』」

ケイティ　「『サムはいい状態ではない』――**その考えが本当であると、絶対言い切れますか？**」

ゲイル　「いいえ、それはわかりません」

ケイティ　「**置き換え**てみてください」

ゲイル　「私がまったくいい状態で、安らかであることを知る必要がある、サムが実際に生きていても、いなくても」

ケイティ　「それは可能ですね。あなたのつま先、膝、足、腕の具合はどうですか？　今、ここに座っている気分はどう？」

ゲイル「大丈夫です」

ケイティ「サムがいたときと比べて、状態がよくなっていたり、悪くなっていたりする？」

ゲイル「変わりないと思います」

ケイティ「ここに座っている今この瞬間に、サムに戻ってもらうことを必要としていますか？」

ゲイル「いいえ。それは、ただのストーリーです」

ケイティ「そうですね。あなたは、知りたいと思っていたことを探求して、今それがわかったんです」

ゲイル「はい」

ケイティ「それでは、次の文章へ進みましょう」

ゲイル『神様か誰かに、サムの死は完全なものだったということを証明してもらう必要がある』」

ケイティ「**置き換え**てください」

ゲイル「私は、サムの死は完全なものだったということを、自分に証明する必要がある」

ケイティ「そうね。あなたは、芝刈り機で芝を刈るときに悲しまないでしょう。枯れていく芝に完全性を求めません。芝が成長すれば、刈ることになる。秋になって落ち葉が散って、枯れていくからといって、あなたは深く悲しむことなく、『なんてきれい！』と感動するでしょう。人間も同じなの。季節があって、私たちも遅かれ早かれ、散っていくのよ。すべて美しい。けれど、私たちの考えに問いかけをしないと、なかなか理解できません。葉っぱが美しいのは、芽ぶいて、やがて散り、これからの生命に譲り、根に与える肥やしとなっていくからです。それが生命で、常に形を変えながら完全に身を任せています。私たちもそれぞれが、役目を果たしています。間違いありません。[ゲイル、泣き出す] 何を考えているの？」

ゲイル 「美しさや季節の一部として語っているところがとてもいいと思って。そう考えるとうれしく、ありがたい気持ちになります。大きな視点から見ることができ、生と死、そのサイクルの素晴らしさを感じます。あたかも窓を通して眺めているように違って見えるし、サムとその亡くなり方にどう感謝すればいいかがわかります」

ケイティ 「サムがあなたに命を与えてくれたと思えますか？」

ゲイル 「はい。彼は私を育ててくれている肥料か、土のようなものですね」

ケイティ 「あなたは痛みを理解し、十分な心の栄養を得、感謝をもって生きていくことができますね。そして新しい生き方をすることで、お返しができる。起きることは何であれ、必要とされているのです。自然の中には誤りというものはありません。美しさや完璧さを味わえないストーリーがいかに苦痛かはもうわかったでしょう？　理解が不足していると、いつだって苦しいものなんです」

ゲイル　「今まで、サムの死そのものが美しいなんて思っていませんでした。私はただ、二〇歳の若者が愚かなことをしたと思っていたんです。でも彼には彼のやり方があったんですね」

ケイティ　「二〇歳の若者が愚かなことをしたというストーリーがなければ、**あなたはどうなりますか？**」

ゲイル　「私は、落ち葉に感謝するように、サムの死に感謝すると思います。亡くなり方が間違いだったと考えずに」

ケイティ　「そうですね。問いかけをすると、愛だけが最後に残るということがわかります。探求していないストーリーがなくなれば、人生の完璧さのみが姿を現します。痛みや恐れを理解した後に現れる美しさを、あなたはいつも心の内に見つけることができます。次の文章を見てみましょう」

ゲイル　「『サムは死んだ。彼は、息子のように思っている最愛の子だ。とても美しい青年で、優しく、思いやりがあり、人の話をよく聞き、好奇心旺盛で頭がよく、批判的でなく、包容力があり、パワフルだ。サムは波に乗っている』」

ケイティ「最初の部分を、もう一度読んでください」

ゲイル「『サムは死んだ』」

ケイティ「『サムは死んだ』――それが**本当であると、絶対言い切れますか？**」

ゲイル「いいえ」

ケイティ「死というのは、何でしょう。顕微鏡があれば、見られるものでしょうか？　死体の細胞をレンズで見ればわかりますか？　それは、概念を超えたものでしょうか？　サムはどこに生きているの？　ここでしょう？［頭と心臓に触れる］あなたが目覚めて、サムのことを思えば、ここが彼の住んでいるところ。夜になって横たわれば、彼はあなたの考えの中にいるんです。毎晩眠りについたときに、夢を見ていなければ、それは死。命がないところには、ストーリーもないのです。朝、目覚めると、『私』がスタートする。人生が始まって、サムのストーリーも始まる。ストーリーが始まる前から、彼のことを寂しがっていたでしょうか？　生き続けるのは、ストーリーだけ。そして、私たちがストーリーを理解したときに、苦しむことなく、本当の意味で生き始めるのです。では、あなたが『サムは死んだ』と考えるとき、**どのように反応しま**

ゲイル　**すか？**」

ケイティ　「心の中で死んでいる気がします。ひどい状態です」

ゲイル　「『サムは死んだ』というストーリーを手放す理由が見当たりますか？　あなたが大事にしているストーリーを手放しなさいと言っているわけではありませんよ」

ケイティ　「はい」

ゲイル　「問いかけは、動機をもっていません。哲学を教えているわけでもなく、ただ探求するだけです。では、『サムは死んだ』というストーリーがなければ、**あなたはどうなりますか？**　頭の中では始終、一緒にいるわけですが」

ケイティ　「サムは、生きていたときよりも、私の近くにいてくれると思います」

ゲイル　「それでは、あなたはどうなりますか？」

ケイティ　「私は、肥料のように私を育ててくれた彼に感謝します。そして過去に生きるよりも、今いるところを好きになると思います」

ゲイル　「**置き換え**てください」

ケイティ　「『サムの死についてのストーリーの中に入るとき、私は死ぬ』。本当にそれが見えるようになりました。これで、終わりですか？」

ゲイル　「ええ。でも常にここから始まるんです」

第13章 Q&A――よくある質問に答える

苦しみには正当な理由があると信じているとき、あなたは現実から完全に遠ざかっている。

私は質問を受けたら、できるだけ明確に答えるようにしており、答えが役立ったと言っていただけるのはうれしいことです。ただ、本当の意味で役立つ答えは、あなた自身が発見するでしょう。

Q 批判したいことが山ほどあって、圧倒される感じです。すべてのビリーフを探求する時間なんて、あるんでしょうか?

A 自分が執着している考えすべてに取り組む必要はありません。今、ストレスと感じていることだけ、探求してみてください。本当に真実を知りたいという気持ちがあれば、理解できない考えはありません。考えに執着するか、探求するかのいずれかなのです。ワークシートに記入し、４つの質問と置き換えを行ってください。一度にひとつの考えについて、取り組みましょう。

Q ワークの後、すぐに効果が感じられ、自由になれるのでしょうか?

A 自由の表れ方により、気づかないこともあります。また、取り組んだ問題そのものが変化したように感じるとは限りません。例えば、母親についてワークシートに書いたとしましょう。その翌日、何年も頭にきていた隣人へのいらだちが完全に消えたという形で効果が表れるかもしれません。もしくは一週間後、人生で初めて料理をするのを楽しんでいる自分に気づくかもしれません。

このような効果が、たった一度のワークで表れるとは限りませんが、一方で、私の友人のような例もあります。息子が自分よりも夫の方を好きだという嫉妬に関するワークでした。直後に少し解放感を感じただけでしたが、翌朝シャワーを浴びていると、すべてが解消されたように感じ、涙が出てきたとのこと。その後、この問題に関する心の痛みが消えたそうです。

Q　同じ悩みについてワークを繰り返す必要があるというのは、どういう意味があるのでしょうか？

A　何度もワークをする必要があったとしても、問題ありません。同じ悩みが、何十回も何百回も戻ってくる可能性があります。自分の中にどんな執着が残っているか、どのくらい深く掘り下げていけるかを知ることができる、素晴らしい機会です。

Q　同じ批判について何度もワークを試したのですが、効果がありません。

A　「あなたはワークを何度も試しました」——それは本当でしょうか？　自分が求めている答えが現れないため、それ以外のものを意識から閉め出しているのではないでしょうか？　自分が知っていると考えていることの下に隠れている答えを恐れていませんか？　同じくらい、あるいはもっと真実味のある別の答えが、自分の中にある可能性はありませんか？

例えば、「それは本当でしょうか？」と自問するとき、本当は答えをあまり知りたくないのかもしれません。未知の領域へ飛び込むよりも、自分の答えにとどまっていたいという可能性もあります。他の可能性を閉め出すというのは、ワークのプロセスを急ぎ、思考よりも柔らかな心《ハート》が答える前に、頭で答えてしまうという意味です。自分がわかっていると思っていることにとどまりたいのであれば、問いかけは抑えられ、あなたの中で自由に息づくことができません。

問いかけに対する自分の答えや気持ちを十分感じる前にストーリーに入ってしまわないよう、気をつけてください。答えが、「はい、でも……」となってしまうと、探求から外れてしまいます。あなたは、本当に真実が知りたいですか？

もうひとつの可能性として、真実をオープンに探求するというよりも、特定の方向への動機をもって問いかけているかもしれません。心に痛みを伴いつつも、すでにもっている答えが正しいと証明するために、質問をしていませんか？　真実を知りたいというよりも、自分が正しいということの方を大事にしていないでしょうか。

自分を自由にしてくれるのは、真実です。ワークの効果は、受容、平和、そして苦しみの世界に対する執着の軽減ですが、結果としてそうなるのであって、最初から目標として目指すべきではありません。自由や真実を愛するためにワークをしてください。もし、あなたが別の動機、例えば、体を治すとか、問題解決のために行っているとすれば、特定の方向への動機から答えが出てくることになり、うまくいかないかもしれません。問いかけの不思議な力と恩恵を得ることができなくなるのです。

それから、置き換えの展開が速すぎる可能性も考えられます。真実を本当に知りたいのであれば、新しい答えが浮上してくるのを待ってください。「置き換えがあなたを見つけてくれる」まで、十分待ちましょう。置き換えが自分にどう当てはまるか、すべてリストアップします。置き換えとは、ストーリーのない自分を真実が指し示してくれることにより、人生の中へ入り直すことを意味します。

また、問いかけを通して得た気づきを自分の中で生かしているでしょうか。自分自身の自由のために、「置き換えを生きる」ようにしましょう。つまり、人に対し、自分が責任をもっている部分について伝える中で、自分がもう一度その内容を聞き、償いをするのです。それにより、人生に自由をもたらすことが明らかに加速されます。

最後になりますが、問いかけを試したのに効果がないと、本当に言えるでしょうか？　自分が恐れていたことが起きたのに、ストレスや恐れをあまり感じていないとしたら、ワークの効果が表れていることになります。

Q 苦しみが強いときでも、ワークをすべきですか?

A 苦しみというのは、根深いビリーフへの執着によって引き起こされます。自分が真実だと思っていることに、やみくもにしがみついている状態です。この状態では、真実への愛をもってワークをするということがかなり難しくなります。ストーリーが自分のアイデンティティとなっているため、それが本当だと証明するためなら、ほとんど何でもするからです。そんなとき、あなたの古い概念を突き破ってくれる力をもつのは、自分への問いかけのみです。

Q 「その考えが本当であると、絶対言い切れますか?」の質問に対する私の答えは、いつも「いいえ」になります。確実に「はい」と言えるような状況は実際にありますか?

A 答えは、ノーです。経験というのは認知したものにすぎず、絶え間なく変化しています。「今」であっても、それについて考えたり、話したりしているうちに、すぐ過去のストーリーになってしまいます。考えに執着した瞬間から、それは信仰となり、正しいことを証明しようとし続けるようになるのです。本当かどうか、知りえないことを証明しようと懸命になればなるほど、落ち込み、失望することになります。

質問1では、思考がオープンになり始めます。「自分の考えが本当ではないかもしれない」と考えてみるだけで、頭の中に少し光が差し込むのです。もし、その答えが「はい」だとしたら、質問2「その考えが本当であると、絶対言い切れますか？」を投げかけます。それに対し、「いいえ、絶対に言い切れるということはありません」と言いながら、非常に興奮したり、怒り出す人がいます。そのような場合、私は彼らに対し、自分自身に優しくし、少しの間、自分が理解したことを味わうように促します。答えとじっくり向き合うことで、受け入れやすくなり、無限の可能性や自由に開かれます。まるで、煙の立ちこめた狭い部屋から屋外に出ていくようなものです。

Q　自分をひどく傷つけた人を許すには、どうしたらいいですか？

A　その人に対する批判を書き出し、4つの質問と置き換えを行ってください。許しというのは、あなたが起こったと思っていた通りのことは、実際には起こっていなかったということを自分で発見することです。問題は、探求していない考えです。ですから、苦しんでいるときには、問いかけを行い、自分を解放しましょう。

Q 「人は自分の投影である」というのは、どういう意味なのですか？

A 外の世界は、あなたが知覚したものです。内と外はいつも符合しており、互いに反映し合っています。世界は、あなたの考えが鏡に映った像と言ってもよいでしょう。もしも、あなたの内面が混乱していたら、外の世界もそれを反映することになります。つまり、すべては自分の解釈ですから、あなたが混乱していたら、見るものも聞くものも混乱しています。たとえ目の前にイエス・キリストや釈迦が立っていても、聞こえてくるのは混乱の教えです。神や仏がこう言っているに違いないと思っている言葉だけが聞こえ、自分の中のストーリーが脅《おびや》かされることがあると、議論し始めます。

私は、あなたの投影以外のものになれません。私は、こういう人間だろうという、あなたの考えているストーリーであって、実際の私とは異なります。あなたは私のことを年取っている、若い、美しい、醜いとさまざまな見方をするでしょう。また、正直、不正直、思いやりがある、ないなど。要するに私はあなたにとり、探求されていないストーリーなのです。

私はこういう人間だというあなたの考えは、真実だと思っているでしょう。私も四三歳であるがままの現実に目覚めるまで、無邪気なものでした。「これは、木です、これは、机です、これは椅子です」――「それは本当でしょうか？」と立ち止まって自問したことはありますか？　そして心静かに、自問の声を聞いたことがありますか？　誰が木だと言ったんでしょう？　最初の権威は誰？　どうやって知ったんでしょう？　私の全人生、全アイデンティティは、子供がもつような信頼と、探求することを知らない無邪気さの上に築かれていました。このワークでは、真の知識が詰まった、あなた自身についての本を読んでいきます。

Q　「ワークをすると、ストレスや問題がなくなる」ということですが、それは無責任ではないですか？　もし、私の三歳になる子供がお腹をすかしている場合はどうなんでしょう？　ストレスを感じず、「まぁ、これが現実というものよ」と、そのままにしてしまうのではないでしょうか？

A　愛は、優しいものです。必要とあらば、何もしないでいることはできないはず。あなたは、子供に食事を与えるのにストレスを感じなければならないと本当に思っているのでしょうか？　子供がお腹をすかしていたら、ぜひ食べさせてあげてください。ストレスや心配なしにそうできたら、どういう感じでしょうか。どこで、どうやって食べ物を手に入れようかということが、クリアに考えられるのではないでしょうか。また、そうすることに喜びと感謝を感じるのではないでしょうか。私は、そうやって人生を生きています。

すべきことだとわかっていることをするのに、ストレスは必要ありません。ストレスよりも、平和や健全さがある方が効率的です。愛は行動であり、私の体験では、現実は常に優しいのです。

Q　現実はよいものだと、あなたはどうして言えるのでしょう。戦争やレイプ、貧困、暴力、児童虐待はどうなのですか？　そういう問題を許容するのですか？

A　許容することなんてできません。そうしたものは存在すべきでないと単純に信じることにより、自分が苦しむと気づいただけなんです。そういったものは、実際になくなるまで、存続し続けます。私は自分の内なる戦争を終わらせることができるでしょうか。自分自身や他人を頭の中で虐待するのをやめられるでしょうか。もし、それができなければ、自分がやめてほしいと思っている当のものを自分の中で続けることになります。あなたはどこかの戦争をやめさせることができますか？　ワークを通じて、ひとりの人について、戦争をやめさせることからスタートします。それはあなたのことです。これが世界の戦争を終わらせるための第一歩です。戦争を仕掛ける人を裁き、探求し、置き換えましょう。真実を知りたいですか？　あらゆる苦しみは、あなたに始まり、あなたに終わるのです。

Q どうすれば、「今」という瞬間を生きるようになれますか？

A あなたはすでに「今」を生きているのですが、気がついていないだけです。今という瞬間においてのみ、私たちは現実の中にいます。誰もがこの瞬間に生きることを学ぶことができます。そして、目の前のものが何であれ、愛することができます。ワークを続ければ、過去も未来もないあなたの存在が、はっきりと見えてきます。ストーリーのない今という瞬間に、愛の奇跡が訪れます。けれどもあなたが頭の中で他の領域にいたとしたら、現実の世界を取り逃してしまいます。

ただし、「今」というのも、ひとつの概念です。考えというものは、完結すると消えてなくなります。それが存在していたという証拠もなく、残るのは、存在したことをあなたが信じるように導く概念ですが、それもやがて消え失せます。現実はいつも、過去のストーリーです。理解する前に、去っていきます。それに対して、私たちが求めている平和な考えは、人それぞれがすでにもっているのです。

第14章 ワークを日常で生かすために

問題はいつもひとつだけ。
それはこの瞬間における、探求していないストーリー。

ワークを始めたばかりの方たちから、「ワークを定期的に実践していくと、どうなりますか?」と聞かれることがあります。ストーリーがなければ、行動する意欲がなくなり、何をしていいかがわからなくなるのではないかという恐れからです。ところが、実際にワークを実践されている方々の体験は、その逆です。問いかけをすることにより、明確で思いやりがあり、恐れのない行動に自然につながるのです。

自分の考えを理解し始めると、体がついていきます。自然に動き始めるため、何もする必要がないのです。ワークは、自分の考えに気づくためであり、考えを変える必要はありません。

ワークは、ただ椅子に座って、素晴らしい気づきを得ただけでおしまいというものではありません。ワークをすることは、全体のプロセスの半分にすぎません。残りの半分は、そこから得た気づきが実生活で生かされたときに起きます。行動につなげるのでなければ、ワークが十分あなたのものになっているとは言えません。

ワークは、幸せというものが、あなたが考えたのとは逆からくることを教えてくれます。人は自分に思いやりをもつべきだと思ったとき、その逆が真なのです。あなた自身が人と自分に対して思いやりをもつべきです。人に対して裁いていることを置き換えることで、自分が幸せに生きるための処方箋を見つけることができます。

家族や友人に言ってきたアドバイスが、自分が生きていく上でのアドバイス。自分自身から学ぶことにより、人はあなたから学ぶことができるのです。自分自身に耳を傾けていれば、人があなたの話を聞いているかどうかは重要でなくなります。仕事や買い物、家事といった日々の活動の中で、呼吸したり、歩いたり、自然に動いている、あなたの生き方そのものが、他の人に知恵をもたらします。

本質的自己に気づくというのは、素晴らしいものです。私たちがいかに自分自身に対して完全な責任を負っているか、そしてそれがいかに自由かを教えてくれます。充足感を人に求めるのではなく、自分の中に見出すのです。

人はどう変わればいいか、どのように正直になったり、人を許したりできるか、わかりません。だからこそ、模範となる人を待っています。あなたこそ、その模範です。あなたが、自分にとっての唯一の希望です。あなたが変わらないと、人は変わらないのですから。人は、理解してもらえるまで、あなたを怒らせ、動揺させ、不快にさせるようなあらゆる問題を抱え、詰め寄ってくるでしょう。そういう役目だからです。人は、意識している、いないにかかわらず、あなたにそんなにも愛情を注いでくれています。この世界全部が、あなたのために存在しているのです。

ですから、ワークを実生活で生かすためには、人を批判するあなたの内なる声を聞いてください。そして、その声は、本当はあなたが何をすべきかを教えてくれているのだということに気づきましょう。「彼は靴下を拾うべきだ」と内なる声が言えば、その置き換えである、「私は靴下を拾うべきだ」を聞いて、それを実行します。どこまでいっても自然な流れに身を任せるのです。愛をもってできるようになるまで、靴下を拾い続けましょう。なぜなら、それがあなたの真実なのですから。掃除すべき場所はただひとつ、自分の頭の中です。

あなたがこの瞬間、自分の内側に平和を見出すまで、世界に平和は存在しません。あなたが自由になりたければ、置き換えた内容を生きてください。イエス・キリストや釈迦など、偉大な人たちは、皆そうしたのです。そして、無名の偉大な人々が、置き換えの内容を生き、家庭や地域において、平和で幸せに暮らしています。

どこかの時点で、あなたは、心の内奥にある痛みを解消したいと思うかもしれません。そのときは、あなた自身が責任を担っているところが見つかるまで、ワークを行ってください。そして、あなたが批判した人々のところを訪れ、謝りましょう。自分自身の責任をどう認めたかを伝え、今、どのように取り組んでいるかを伝えましょう。それを行うかどうかはあなた次第ですが、真実を話すことで、解放されます。

また、ワークに深くかかわると、大切なものを犠牲にするのではないかと、心配される方もいます。しかしそれも、私の経験では逆です。ストーリーがなければ、人生は豊かになるばかりです。ワークをしばらく実践している人たちは、問いかけは深刻なものではなく、痛みを伴う考えを探求すると、ただ笑いへと変わることを発見します。

私は、恐れも悲しみも怒りもなく、自由に世界を歩き回れることを愛します。どんな人やものごとでも、そしていかなる時や場所でも、心を開いて出会うことができます。私の人生はこれからも、未解決の問題を与えてくれるでしょう。私は、それを楽しみにしています。

いつも自分に帰ってくればいい。
あなたこそが待ち望んでいた、唯一の人だから。

監訳者あとがき

ワークショップで、次から次へと違う人を相手に公開セッションを行っていくケイティを見ていると、その集中力や思考のクリアさが強く印象に残ります。そして、こうしたクリアな思考こそ、本当の意味で幸福につながる選択をするために必要だと感じさせられます。ものごとの本質を見抜く鋭さ、そしてどんなことでも受けとめてくれるうつわの大きさや温かな存在感。それゆえに人は彼女のことを信頼して心を開きます。ケイティはユーモア精神にも富んでいて、「ワーク」の場で笑いが起きることもしばしばです。

ワークは、一般的な悩みから危機的な状況まで、思考の枠を広げ、心を解放し、新しい解決のしかたを生み出す革新的な方法として、現在、世界中で高い関心を呼んでいます。その反響の大きさは、シンプルなメソッドであるにもかかわらず、短時間でも往々にして、劇的といえるほどの深い気づきと具体的変化をもたらすことによるものでしょう。

現在、ケイティに加え、トレーニングを積んだ世界中のファシリテーターにより、人間関係や仕事をはじめ、幅広い分野においてワークが活用されています。健康や体についての一例としては、癌の患者さんへのアプローチとして、恐れやさまざまなストレスを軽減することができ、生活の質の向上や免疫系へのよい影響が確認されたという結果も出ています。また、アメリカでは刑務所の受刑者へのワークも行っていますが、その効果として、怒りのコントロールができるようになったということが報告されています。

日本の事例としては、私がワークを行った、ある企業の管理職の男性について挙げましょう。この男性は、人材不足により、経験があまりない部署に異動することになりました。新しい上司にも部下にも歓迎されていないように感じます。自分のことを信頼していない、足を引っ張っている、裏で悪口を言っている、などと思っていたのです。「彼らは自分のことを信頼していない」という考えが本当か、問いかけを行い、自分に置き換えてみたところ、実は「自分が彼らのことを信頼していない」ということに気づきました。自分が心を開いていなかったことに気づき、無理に部下をリードしようとするよりも、自分が知らないことを周囲に素直に聞くようにしました。その結果、重要なプロジェクトを成功に導くことができたのです。

ワークは、周囲の世界に対する認識のしかたそのものを変えます。思考や感情がクリアになることで、心が楽になり、適切な判断ができ、ものごとに主体的に取り組むことができるようになります。また、自分の考えに対して客観的になり、相手の立場への理解が深まることで、コミュニケーション能力も高まります。そして継続的に実践すると、人生全般において不安や恐れ、怒りなどが減少し、心が穏やかになると共に、前向きなエネルギーが湧いてきます。

「ワーク」にある程度なじむと、日常の中で湧いてきた考えに対して、「それは本当でしょうか？」とオープンマインドで探求する心が育つことを感じるでしょう。また、ケイティの言葉、「現実は自分の考えよりも優しい」が実感をもって受けとめられるようになります。

ワークの基本的なステップはシンプルですが、本書の事例においては、経験豊富なケイティがプロセスに沿って柔軟に展開していきます。読者の皆さんは、基本的なステップにしたがってオープンマインドで素直に答えていけば、効果を実感することができるでしょう。自分の考えを変えようとしたり、自己納得しようとする必要はありません。心の真実に沿っていけばいいのです。そして、探求をさえぎる自己批判に陥らないように気をつける必要があります。

あるがままの現実を愛する力を育てることにより、何があっても心豊かに生き、生きる意欲や愛情、思いやりを周囲の人と分かち合うことができます。皆さんが本書により、ワークの素晴らしい可能性を体験されることを心から願っています。

最後になりますが、本書の刊行に当たり、迅速かつ丁寧にご対応いただいたダイヤモンド社の佐藤和子さん、そして惜しみなく助けの手を差し伸べ、励ましていただいた渡辺考一さんに大変お世話になりました。心から感謝申し上げます。

ティム・マクリーン（ワーク公認ファシリテーター）

[著者]
バイロン・ケイティ (Byron Katie)

1986年に「現実に目覚める」体験をして以来、世界中の数百万もの人々にワークを紹介。公開イベントの他、ビジネス、大学、学校、教会、刑務所、病院などで活動している。著書に、『探すのをやめたとき 愛は見つかる』(創元社) など。
ウェブサイト www.thework.com/nihongo

スティーヴン・ミッチェル (Stephen Mitchell)

ベストセラーとなった『道徳経』、『バガヴァッド・ギータ』などを英訳。著書として、『カエルも愛せば王子になれる』(アーティストハウス)、*The Gospel According to Jesus* (イエスによる福音書)、*Meetings with the Archangel* (大天使との出会い) などがある。
ウェブサイト www.stephenmitchellbooks.com

[訳者]
神田房枝 (かんだ・ふさえ)

日本女子大学英文学科卒業。日本航空に入社、国際客室乗務員として内閣総理大臣特別便等を担当。退職後渡米、イェール大学大学院にて東アジア学修士号、博士号取得。その後、ボストン大学講師、ハーバード大学ポストドクトラルフェロー。また数々の国際学会発表、学術記事出版がある。ハルピン工業大学に留学経験もあり、英語の他、中国語に堪能。現在、米国エグゼクティブボイス社アジア部門ディレクター。アメリカ在住。

［監訳者］
ティム・マクリーン (Tim McLean)

有限会社シープラスエフ研究所代表取締役。バイロン・ケイティ・ワーク公認ファシリテーター。エニアグラム研究所インターナショナル・ファカルティ。かいクリニック顧問。テンプル大学大学院修士課程修了。

高岡よし子 (たかおか・よしこ)

有限会社シープラスエフ研究所取締役。エニアグラム研究所認定ファシリテーター。かいクリニック顧問。国際基督教大学卒。

監訳者二人の共著に、『エニアグラム 自分のことが分かる本』(マガジンハウス)、共訳に『エニアグラム あなたを知る9つのタイプ』(角川書店) 他。
ウェブサイト www.transpersonal.co.jp

ザ・ワーク
――人生を変える４つの質問

2011年4月14日 第1刷発行

著 者――バイロン・ケイティ＋スティーヴン・ミッチェル
監訳者――ティム・マクリーン＋高岡よし子
訳 者――神田房枝
発行所――ダイヤモンド社
〒150-8409 東京都渋谷区神宮前6-12-17
http://www.diamond.co.jp/
電話／03・5778・7234(編集) 03・5778・7240(販売)
装丁――長坂勇司
製作進行――ダイヤモンド・グラフィック社
印刷――堀内印刷所(本文)・慶昌堂印刷(カバー)
製本――宮本製本所
編集担当――佐藤和子

ISBN 978-4-478-00377-0

「ワーク」に関する情報

バイロン・ケイティの「ワーク」について、さらに詳しくお知りになりたい方は、右記のサイトをご覧ください。　www.thework.com/nihongo

このサイトでは、多様な情報を入手することができます。無料でダウンロードできる資料、ケイティがセッションを行っている映像、ラジオ・インタビューを録音した音声ライブラリー、イベント・スケジュール、無料の「ヘルプライン」の利用方法、9日間の「スクール」の申し込み方法、「スクール」修了者のための「インスティチュート」の情報、ニューズレターの購読、オンライン・ストアなど。

ご質問などの連絡先は、下記の通りです。なお、ワークの普及に当たり、非営利団体である「ワーク財団」では、ご寄付のお願いをしております。よろしければご協力いただけますと、大変ありがたく存じます。セキュリティ・システムで守られた、オンライン・ストア経由のご寄付もご利用いただけます。

Byron Katie International Inc.
P.O. Box 1206　Ojai, CA 93024
TEL (805)-444-5799　　Eメール　nihongo@thework.com

また、本書をお読みになり、素晴らしい気づきを得られた方は、メールにて、realizations@thework.orgにご連絡いただけるとありがたいです。データを集め、ワークの効果を継続的に追っていきます。ワークで使った文章やストーリー、使用した質問、気づいた内容、置き換えの内容を具体的にどのように日常で生かしたかなども書いていただけると助かります。

日本におけるワークの情報

この本を読み、ひとりで実践するだけでも効果を感じることができますが、ワークショップなどでワークを体験することもお勧めします。4つの質問をしてくれる相手がいるとワークに集中しやすくなり、答えを声に出すということで効果が高まります。最新の「ワーク」の取り組み方やポイント、活用方法についてもわかりやすく説明します。

また、公認ファシリテーターによる「ヘルプライン」という、電話かスカイプによる「ワーク」の無料セッションも日本語でご利用いただけます。

連絡先　公認ファシリテーター　ティム・マクリーン
有限会社シープラスエフ研究所
TEL&FAX 0557-54-7522　　Eメール　cf@transpersonal.co.jp
http://www.transpersonal.co.jp